U0522890

本书得到了中国科学院A类战略性先导科技专项
"泛第三极环境变化与绿色丝绸之路建设"项目一的支持

"一带一路"建设
高质量发展的科技支撑成果

刘卫东　雷加强　丁林　陈曦　主编

商务印书馆
The Commercial Press

图书在版编目(CIP)数据

"一带一路"建设高质量发展的科技支撑成果/刘卫东等主编. —北京:商务印书馆,2023
ISBN 978-7-100-22510-6

Ⅰ.①—… Ⅱ.①刘… Ⅲ.①"一带一路"—国际科技合作—研究 Ⅳ.①F113.2

中国国家版本馆 CIP 数据核字(2023)第 093876 号

权利保留,侵权必究。

"一带一路"建设高质量发展的科技支撑成果

刘卫东 雷加强 丁林 陈曦 主编

商 务 印 书 馆 出 版
(北京王府井大街36号 邮政编码100710)
商 务 印 书 馆 发 行
北 京 中 科 印 刷 有 限 公 司 印 刷
ISBN 978-7-100-22510-6

2023年7月第1版　　　开本 710×1000　1/16
2023年7月北京第1次印刷　印张 14½

定价:168.00元

序 一

"一带一路"是中国国家主席习近平提出的新型国际合作倡议，为全球治理体系的完善和发展提供了新思维与新选择，成为沿线各国携手打造人类命运共同体的重要实践平台。气候和环境贯穿人类与人类文明的整个历程，是"一带一路"倡议重点关注的主题之一。由于沿线地区具有复杂多样的地理地质气候条件、差异巨大的社会经济发展格局、丰富的生物多样性以及独特但较为脆弱的生态系统，因而"一带一路"建设必须贯彻新发展理念，走生态文明之路。

当今气候变暖影响下的环境变化是人类普遍关注和共同应对的全球性挑战之一。以青藏高原为核心的"第三极"和以第三极及向西扩展的整个欧亚高地为核心的"泛第三极"由于气候变暖而正在引发重大环境变化，成为更具挑战性的气候环境问题。首先，这个地区的气候变化幅度远大于周边其他地区；其次，这个地区的环境脆弱，生态系统处于脆弱的平衡状态，气候变化引起的任何微小环境变化都可能引起区域性生态系统的崩溃；最重要的是，这个地区是连接亚欧大陆东西方文明的交汇之路，是 2 000 多年来人类命运共同体的连接纽带，与"一带一路"建设范围高度重合。所以，第三极和泛第三极气候环境变化同"一带一路"建设密切相关，深入研究泛第三极地区气候环境变化，解决重点地区、重点国家和重点工程相关的气候环境问题，将为打造绿色、健康、智力、和平的"一带一路"提供坚实的科技支持。

中国政府高度重视"一带一路"建设中的气候与环境问题，提出要将生态环境保护理念融入绿色丝绸之路建设中。2015年3月，中国政府发布的《推动共建丝绸之路经济带和21世纪海上丝绸之路的愿景与行动》明确提出，"在投资贸易中突出生态文明理念，加强生态环境、生物多样性和应对气候变化合作，共建绿色丝绸之路"。2016年8月，在推进"一带一路"建设工作座谈会上，习近平总书记强调，要建设绿色丝绸之路，提高风险防控能力。2017年5月，《"一带一路"国际合作高峰论坛圆桌峰会联合公报》提出，要加强生态环境、生物多样性和应对气候变化合作，注重绿色发展和可持续发展，实现经济、社会、环境三大领域综合、平衡、可持续发展。2017年8月，习近平总书记在致第二次青藏高原综合科学考察研究队的贺信中，特别强调了聚焦水、生态、人类活动研究和全球生态环境保护的重要性与紧迫性。

2009年以来，中国科学院组织开展了TPE国际计划，联合相关国际组织和国际计划，揭示了第三极地区气候环境变化及其影响，提出了适应气候环境变化的政策和发展战略建议，为各级政府制定长期发展规划提供了科技支撑。中国科学院深入开展了"一带一路"建设及相关规划的科技支撑研究，同时在丝绸之路沿线国家建设了15个海外研究中心和海外科教中心，成为与丝绸之路沿线国家开展深度科技合作的重要平台。2018年11月，中国科学院牵头成立了"一带一路"国际科学组织联盟（ANSO），初始成员包括近40个国家的国立科学机构和大学。2018年3月，中国科学院正式启动了"泛第三极环境变化与绿色丝绸之路建设"A类战略性先导科技专项（以下简称"丝路环境"专项）。"丝路环境"专项将聚焦水、生态和人类活动，揭示泛第三极地区气候环境变化规律和变化影响，阐明绿色丝绸之路建设的气候环境背景和挑战，提出绿色丝绸之路建设的科学支撑方案，为推动第三极和泛第三极地区可持续发展、推进国家和区域生态文明建设、促进全球生态环境保护做出贡献，为"一带一路"沿线国家生态文明建设提供有力支撑。

"丝路环境报告和专著"系列是"丝路环境"专项重要成果的表现形式之一，将系统展示第三极和泛第三极气候环境变化与绿色丝绸之路建设的研究成果，为绿色丝绸之路建设提供科技支撑。

中国科学院院长、党组书记

2019 年 3 月

序 二

推动共建"一带一路"高质量发展,是中共二十大报告提出的新时期新征程的使命任务之一,也是习近平总书记对"一带一路"建设的根本要求。共建绿色丝绸之路是"一带一路"高质量发展的核心任务。

"一带一路"沿线自然条件复杂多样,从广袤海洋到巨型大陆、从热带森林到极地荒原、从干旱沙漠到高山冰川,展现了地球全谱景观。"一带一路"沿线受气候变暖影响大,生态系统脆弱,是构建人类命运共同体最需要关注的地区。"一带一路"沿线特别需要关注的是泛第三极地区。所谓泛第三极地区系指青藏高原及其向西、向北扩展区域,包括青藏高原、帕米尔高原、兴都库什山、伊朗高原、高加索山、喀尔巴阡山等欧亚高地及其环境影响区,面积2 000多万平方千米,涉及30多亿人的生存环境。泛第三极地区与古丝绸之路沿线高度重合,是环境变化和人类活动最强烈的区域,是绿色丝绸之路建设亟须研究的重点区域。

2018年,中国科学院面向绿色丝绸之路建设和守护青藏高原世界最后一方净土,立足环境变化影响与应对及区域可持续发展,设立了"泛第三极环境变化与绿色丝绸之路建设"A类战略性先导科技专项,旨在通过基础研究、应用研究、技术示范和决策支持为一体的全链条组织方式,开展泛第三极地区的自然条件和环境变化及其影响研究，评估并应对重点地区和重大工程的环境问题，提出绿色丝绸之路建设的可持续发展路径。2019年，"丝路环境"专项被列入"一带一路"国际合作高峰论坛成果清单，携手数百名中外科学家探索共建绿色丝绸之路的科学路径。

"丝路环境"专项以"西风和季风影响下泛第三极地区环境变化不确定性"以及"自然和人类双重作用下泛第三极地区环境变化对绿色丝绸之路建设可持续性的影响"为统领科学问题，聚焦科学认知气候变化影响下生态与环境的协同演化、科学评估西风与季风作用下影响环境和水资源变化、科学防范环境灾害风险、科学调控人类活动对环境变化的影响、科学应对绿色丝绸之路可持续发展面临的挑战等五大问题，设立七个研究项目和三个联合攻关项目。

五年来，参与专项研究的中外科学家克服困难，特别是2020年突发的新冠疫情带来的影响，积极开展各种形式的科学研究，实现了基础研究、应用基础研究、技术研发与示范、决策支持的系统综合集成，取得了绿色丝绸之路建设和守护青藏高原世界净土的重大创新突破，贡献了推进绿色丝绸之路建设的中国方案，创新了丝绸之路绿色发展的中国技术体系和示范体系，是中国参与全球环境治理和服务人类命运共同体的重要实践。

根据专项总体组的安排部署，分别成立了由刘卫东等牵头的"绿色丝绸之路建设综合集成组"和由姚檀栋等牵头的"青藏高原一方净土保护综合集成组"。刘卫东等组织有关项目和课题总结，凝练了服务于绿色丝绸之路建设的科研成果，汇集成本书出版。刘卫东等在综合集成过程中，按照得到政府相关部门或第三方机构的认可，或产生比较广泛的社会影响，或具有重要推广意义，或预期能对绿色丝绸之路建设提供重要支撑的选择标准，凝练了沿线地区资源环境基础的科学认识、绿色丝绸之路建设的决策支持、绿色丝绸之路建设的技术支撑（案例）等三方面的用得上、留得下、可推广的技术研发与示范体系展示于本书。希望这些技术研发和示范体系能够体现"丝路环境"专项的初心,有效服务"一带一路"建设。

最后,我谨代表"丝路环境"专项对相关部门、单位、企业、社会机构以及广大国内外合作者的支持表示衷心的感谢!也对专项领导小组的关心、支持和指导表示衷心的感谢!

"丝路环境"专项首席科学家

中国科学院院士

2023年4月

目　录

序一
序二

第一部分　沿线地区资源环境基础的科学认识

资源环境承载力评价 ········· 3
社会经济特征的科学认识 ········· 14
矿产资源分布 ········· 23
油气资源分布 ········· 49
地震风险评价 ········· 64
灾害风险综合评估 ········· 78
中亚生态系统评估 ········· 89
生态系统碳汇潜力评估 ········· 102

第二部分　绿色丝绸之路建设的技术支撑

咸海治理的科学方案与试验 ········· 115
哈萨克斯坦首都圈生态屏障建设 ········· 132
中俄原油管道冻土灾害防控技术及应用 ········· 143
乌兹别克斯坦葱园建设 ········· 160

第三部分 "一带一路"建设的决策支持

建设成效第三方评估 …………………………………………… 171
决策支持系统:"中科带路"APP ……………………………… 185
建设模式研究与规划支持 ……………………………………… 197
基于社会-生态系统的可持续生计提升示范 ………………… 208

第一部分

沿线地区资源环境基础的科学认识

"一带一路"沿线地区自然条件千差万别，不同地区人类生存与发展的资源环境基础迥异，实现可持续发展面临的问题也截然不同。推动共建"一带一路"高质量发展，特别是其绿色发展，必须科学认识沿线地区的资源环境承载力、关键资源分布状况、生态系统特征和灾害风险等。为支撑"一带一路"高质量发展，中国科学院"丝路环境"专项聚焦"一带一路"绿色发展的资源环境基础，产出了一系列研究成果，包括：分析了沿线不同国家和地区资源环境承载阈值及超载风险；揭示了沿线地区矿产和油气地质特征及资源量分布；研制了泛第三极地区地震构造图和多尺度综合灾害风险评估数据库，并以中巴经济走廊为例评估了综合灾害风险；研究了中亚生态系统演变特征，评估了沿线地区陆地生态系统的碳库和碳汇。同时，还刻画了基于这些资源环境基础的沿线社会经济基本特征。

研究表明,"一带一路"沿线地区资源环境承载力总体处于平衡状态,其中 35 个国家资源环境承载力处于盈余状态。青藏高原羌塘盆地具有形成大型油气田的物质基础和成藏、保存条件,具有良好的油气远景。专项研发的基于灾害概率和灾损数学期望的综合风险评估方法,突破了多灾种综合风险评估难点。专项建立的具有自主版权的干旱区生态系统模型 AEM,创新了植被碳库、土壤碳库评估,发现中亚地区是一个巨大的有机碳库,沿线国家陆地生态系统具有较大碳汇潜力,沿线国家碳减排空间较大。

这些研究成果,一方面,为重大项目的部署和"一带一路"高质量发展提供了基础性的资源环境本底数据;另一方面,也可服务于大型企业在沿线地区的投资可行性研究,满足政府、投资者、企业等不同利益相关方从宏观到微观的不同决策需求。专项建成的中亚生态系统野外观测站,成为具有国际影响力的生态系统科学观测网络节点,为中亚生态系统的变化及预警提供了重要的基础数据采集平台。

资源环境承载力评价[*]

一、成果背景

打造绿色丝绸之路，促进沿线国家可持续发展是国家根本战略需求所在。科学认识"一带一路"沿线国家和地区的资源环境承载力（RECC）及其超载风险，把握"底线"，是打造绿色丝绸之路的重要科学基础；客观评价不同国家资源环境承载力的适宜性和限制性，摸清"上限"，是推进"六廊六路"国别建设的重要基础保障。资源环境承载力关乎资源环境"最大负荷"这一基本科学命题。资源环境承载力研究从分类到综合，正由单一资源环境约束发展到人类社会的资源环境占用综合评价，亟待突破承载阈值界定与参数率定等关键技术，发展一套资源环境承载力系统化和数字化的评价方法与技术体系。

鉴于此，在中国科学院"丝路环境"专项的支持下，"绿色丝绸之路资源环境承载力国别评价与适应策略"研究面向绿色丝绸之路建设的国家需求，建立了基于人居环境适宜性、资源环境限制性和社会经济适应性的资源环境承载指数（PREDI）模型，研发了资

---

[*] 主要完成人：封志明、杨艳昭、甄霖、杨小唤、贾绍凤、闫慧敏、蔡红艳、胡云锋、吕爱锋、游珍、黄麟、王礼茂、黄翀、李鹏、付晶莹、严家宝等，中国科学院地理科学与资源研究所。

源环境承载力综合评价与系统集成平台（RECCS），完成了"一带一路"沿线国家和地区资源环境承载力综合评价与警示性分级，实现了资源环境承载力评价的数字化与系统化，揭示了不同国家和地区的资源环境承载阈值与超载风险，为绿色丝绸之路建设路线图设计和发展路径选择提供了重要的科学依据与决策支持。

二、主要内容

1. 建立了"一带一路"沿线资源环境承载力评价的资源环境承载指数模型

遵循"适宜性分区-限制性分类-适应性分等-警示性分级"的资源环境承载力综合评价的研究思路和技术路线，由分类到综合，建立了基于人居环境适宜指数（HEI）、资源环境限制指数（RECI）和社会经济适应指数（SDI）的资源环境承载指数模型，逐步完成了人居环境适宜性分区、资源环境限制性分类、社会经济适应性分等和资源环境承载状态警示性分级。该项技术成果获得了一项发明专利——"一种区域资源环境综合承载指数的测定方法及装置"。

（1）建立基于地形起伏度、地被指数、水文指数和温湿指数的人居环境适宜指数模型，以公里格网为基础，逐步完成丝路沿线国家和地区的人居环境适宜性评价与适宜性分区。

（2）建立基于土地资源承载指数、水资源承载指数和生态承载指数的资源环境限制指数模型，以国家或地区为单元，逐步完成丝路沿线国家和地区的水土资源与生态环境承载力分类评价及限制性分类。

（3）建立基于人类发展指数、交通通达指数和城市化指数的社会经济适应指数模型，以公里格网为基础，逐步完成丝路沿线国家和地区的社会经济发展水平评价与适应性分等。

（4）建立基于人居环境适宜指数、资源环境限制指数和社会经济适应指数的资源环境承载指数模型，从分类到综合，逐步完成丝路沿线国家和地区资源环境承载力综合评价与警示性分级。

2. 研发了"一带一路"沿线资源环境承载力综合评价与系统集成平台

面向沿线国家和地区资源环境承载力评价数字化、可视化与系统化的需求，以 C/S 架构和 B/S 架构相结合的方式，通过数据集成、技术集成与成果集成，研发了绿色丝绸之路资源环境承载力综合评价与系统集成平台。平台包括 RECC 基础图库与数据集成系统、RECC 分类评价与综合评价系统、RECC 国别报告编制与更新系统以及 RECC 成果集成与可视化系统四个子系统。

（1）RECC 基础图库与数据集成系统，优化了多时空、多维度、多类型、海量的基础地理、资源环境、人口和社会经济等数据整合、编码、融合与集成处理技术，集成了系列化、标准化的资源环境承载力基础数据库和专题数据产品，实现了丝路沿线国家和地区的数据集成与管理，有效支撑了沿线国家和地区的资源环境承载力评价与国别报告编制。

（2）RECC 分类评价与综合评价系统，设计了从土地资源承载力、水资源承载力、生态承载力分类评价到资源环境承载力综合评价的标准化流程，研建了资源环境承载力分类评价与综合评价系统；发展了资源环境承载力分类评价与综合评价过程的数字化、空间化和可视化等关键技术，实现了资源环境承载力分类评价与综合评价的流程化、标准化和系统化，实际应用于沿线国家和地区的资源环境承载力分类评价与综合评价。

（3）RECC 国别报告编制与更新系统，设计了丝绸之路资源环境承载力评价国别报告业务化模板，形成了分类评价和综合评价相结合、现状评价和趋势预测相补充、支撑数据和评价结论相统一的报告模板体系与发布系统，在国别数据集成、评价结果统计分析与制图/表和模型系统的统一管理及驱动下，实现了基础数据和评价报告的定期更新与快速发布，实际应用于老挝、尼泊尔、孟加拉国、哈萨克斯坦和乌兹别克斯坦等重点国家的国别报告编制。

（4）RECC成果集成与可视化系统，集成了人居环境适宜性、社会经济适应性、水资源承载力、土地资源承载力、生态承载力、综合承载力六方面成果，实现对评价成果、专题图件、论文专著及研究报告四类成果，沿线国家全域和重点国家两个空间尺度的成果集成与多维可视化。

绿色丝绸之路资源环境承载力综合评价与系统集成平台已通过软件测试并实际应用于老挝、尼泊尔、孟加拉国、哈萨克斯坦、乌兹别克斯坦、越南等重点国家国别评价，已获得"融合模型构建方法、融合模型使用方法、装置和电子设备"专利1项，"丝路沿线资源环境承载力分类评价与综合评价系统 V1.0"等软件著作权4项。

3. 完成了"一带一路"沿线国家和地区的资源环境承载力分类评价与综合评价

运用"一带一路"资源环境承载指数模型和绿色丝绸之路资源环境承载力综合评价与系统集成平台，从公里格网到国家尺度，由分类到综合，定量评价了"一带一路"沿线国家和地区的人居环境适宜性、资源环境限制性与社会经济适应性，定量揭示了"一带一路"沿线国家和地区的资源环境承载阈值及其超载风险。

（1）基于人居环境适宜指数的人居环境适宜性评价表明，沿线国家和地区的人居环境指数均值为44，中亚、蒙俄地区较低，东南亚、中东欧地区较高；沿线地区的人居环境以适宜或临界适宜类型为主。其中，占地2/5的人居环境适宜地区人口占比近9/10，人口高度集聚；占地超1/3的人居环境临界适宜地区人口占比不足

1/10；占地 1/5 的人居环境不适宜地区相应人口占比不足 1/50，地广人稀。

表 1-1　丝路沿线国家和地区人居环境适宜性评价

	土地面积（万平方千米）	土地占比（%）	人口数量（万人）	人口占比（%）	人口密度（人/平方千米）
不适宜地区	1 096.55	21.22	8 718.42	1.90	8.0
永久不适宜区	576.13	11.15	2 382.41	0.52	4.1
条件不适宜区	520.42	10.07	6 336.01	1.38	12.2
临界适宜地区	1 874.09	36.27	40 396.58	8.82	21.6
限制性临界区	819.02	15.85	12 466.77	2.72	15.2
适宜性临界区	1 055.07	20.42	27 929.81	6.10	26.5
适宜地区	2 196.45	42.51	408 791.37	89.28	186.1
一般适宜地区	1 009.74	19.54	89 597.32	19.57	88.7
比较适宜地区	885.06	17.13	189 543.14	41.39	214.2
高度适宜地区	301.65	5.84	129 650.91	28.32	429.8

（2）基于资源环境限制指数的水土资源和生态环境承载力评价表明，"一带一路"沿线地区资源环境承载力在 70 亿人水平，水土资源不足和土地生产力较低是主要限制性因素。丝路沿线近 70% 的资源环境承载力集中在占地 1/3 以上的中国、南亚和东南亚地区，是沿线地区资源环境承载力的主要潜力地区。丝路沿线资源环境承载密度介于 50～600 人/平方千米，地域差异显著；大江大河中下游平原地区普遍高于高原、山地，资源环境承载力地域差异显著（图 1-1）。当前，丝路沿线 45 个国家资源环境承载力属于中等或较强水平，20 个国家资源环境承载力较弱。得益于国际贸易带来区域资源环境承载力提升，人口与消费水平增加并未显著增加沿线国家资源环境承载压力。

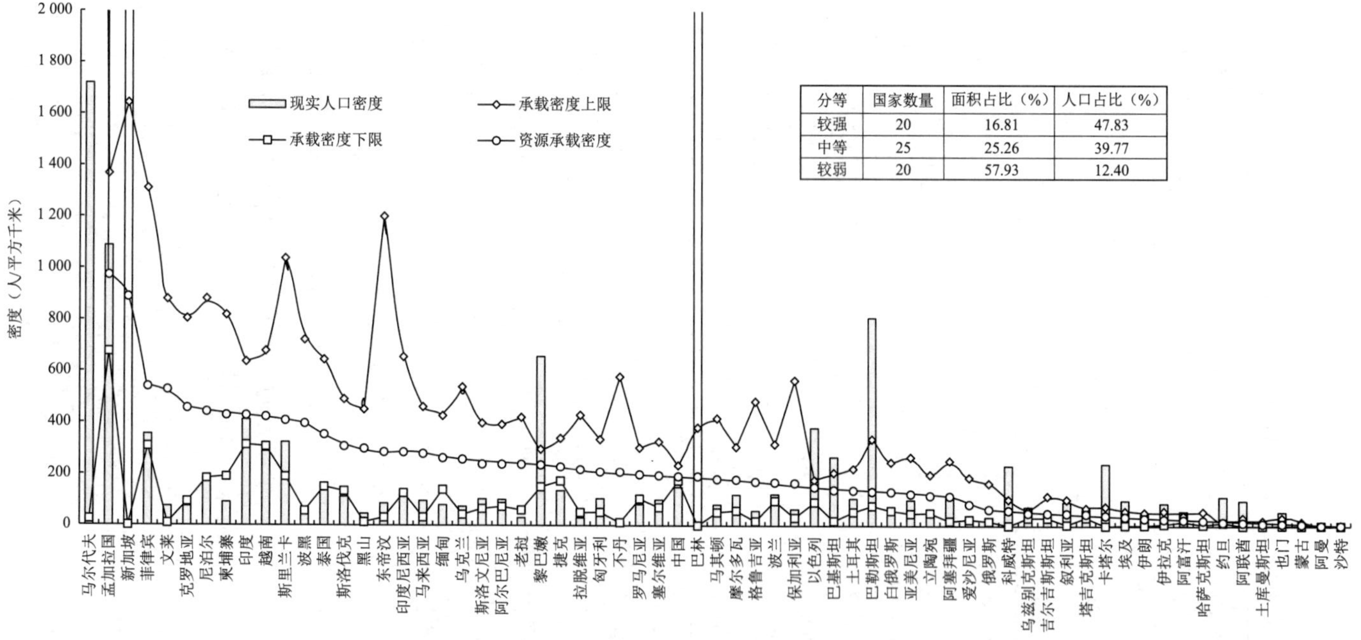

8 "一带一路"建设高质量发展的科技支撑成果

图 1-1 丝路沿线国家和地区资源环境承载力分级

注：马尔代夫现实人口密度 1 718，承载密度上限 21 026，资源承载密度上限 10 688；新加坡现实人口密度 7 759，承载密度上限 1 642，资源承载密度 888；巴林现实人口密度 2 012，承载密度上限 380，资源承载密度 190。

（3）基于资源环境承载指数的资源环境承载力综合评价与警示性分级表明，"一带一路"沿线地区资源环境承载力总体处于平衡状态，人居环境适宜性较低和社会经济发展滞后在较大程度上限制了区域资源环境承载力的发挥及其提升。资源环境承载力盈余的35个国家主要位于中南半岛与马来群岛的三角洲冲积平原等；平衡的12个国家主要位于南亚恒河平原地区；超载的18个国家主要分布在南亚与西亚中东交汇的伊朗高原、大高加索山脉和安纳托利亚高原等地（图1-2）。全区尚有五成人口分布在资源环境承载力超载地区，主要集中在西亚中东、南亚等地，人口与资源环境社会经济关系有待协调。

主要研究成果集中反映在《绿色丝绸之路：人居环境适宜性评价》《绿色丝绸之路：水资源承载力评价》《绿色丝绸之路：土地承载力评价》《绿色丝绸之路：生态承载力评价》《绿色丝绸之路：资源环境承载力综合评价与系统集成》等五部技术报告，以及《老挝资源环境承载力评价与适应策略》《尼泊尔资源环境承载力评价与适应策略》《孟加拉国资源环境承载力评价与适应策略》《哈萨克斯坦资源环境承载力评价与适应策略》《乌兹别克斯坦资源环境承载力评价与适应策略》《越南资源环境承载力评价与适应策略》等六部国别报告。

三、主要创新之处

1. 发展了由分类到综合的资源环境承载力评价理论与方法

遵循"适宜性分区-限制性分类-适应性分等-警示性分级"的资源环境承载力综合评价的研究思路和技术路线，由分类到综合，建立了基于人居环境适宜指数、资源环境限制指数和社会经济适应指数的资源环境承载指数模型；创新性地发展了由人居环境适宜性

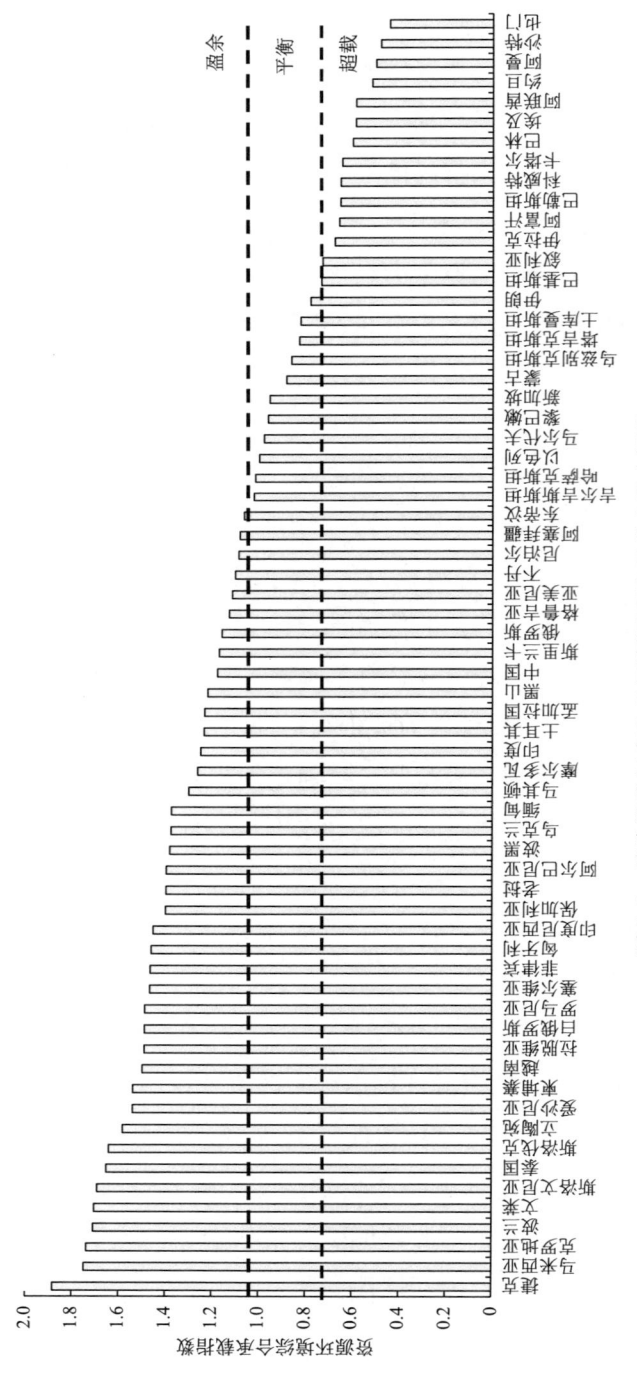

图 1-2 丝路沿线国家和地区资源环境承载力综合评价

评价与适宜性分区、水土资源和生态环境承载力分类评价与限制性分类、社会经济发展适应性评价与适应性分等到资源环境承载力综合评价与警示性分级，由分类到综合的资源环境承载力评价理论与方法。

2. 研发了"一带一路"资源环境承载力综合评价与系统集成平台

发挥空间信息科学与资源环境科学相结合的优势，通过数据集成、模型集成和系统集成，研发了集 RECC 基础图库与基础数据库系统、RECC 分类评价与综合评价系统、RECC 国别报告编制与更新系统以及 RECC 成果集成与可视化系统于一体的资源环境承载力综合评价与系统集成平台。主要创新性体现在：

（1）构建了面向"一带一路"沿线资源环境承载力评价基础数据库、专题数据库及国别数据库，建立了数据处理规范与数据质量控制体系，实现了多源异构数据的有效融合，可以有效支撑沿线资源环境承载力分类评价与综合评价以及国别报告编制与更新。

（2）研发了 RECC 分类评价与评价系统，实现了从人居环境适宜性评价与适宜性分区、资源环境承载力分类评价与限制性分类、社会经济发展适应性评价与适应性分等到资源环境承载能力综合评价与警示性分级，由分类到综合的资源环境承载力评价技术方法的数字化、系统化与成果可视化。

（3）研发了 RECC 国别报告编制与更新系统，实现了从国别评价报告任务定制-国别数据提取-专题产品生产-问题分析-评价报告生成的国别报告编制与更新的业务运行模式；建立了满足沿线国家资源环境承载力评价的国别报告模板库，具备文档模板、报表模板、地图报表的管理，以及对模板的选取和文档、报表、地图的业务化生产能力。

3. 定量揭示了"一带一路"沿线资源环境承载能力及其承载状态

首次运用"一带一路"资源环境承载指数模型和绿色丝绸之路资源环境承载力综合评价与系统集成平台，系统评价了"一带一路"沿线国家和地区的人居环境适宜性、资源环境限制性与社会经济适应性，定量揭示了"一带一路"沿线国家和地区的资源环境承载能力及其承载状态。主要创新性认识如下：

（1）"一带一路"沿线地区资源环境承载力在70亿人水平，水土资源不足和土地生产力较低是主要限制性因素；全域有45个国家资源环境承载力属于中等或较强水平，20个国家资源环境承载力相对较弱。

（2）"一带一路"沿线地区资源环境承载力总体处于平衡状态，人居环境适宜性较低和社会经济发展滞后在较大程度上限制了区域资源环境承载力的发挥及其提升，全域有35个国家资源环境承载力处于盈余状态，整体状况良好；有18个国家处于超载状态，资源环境承载力堪忧。

四、价值与意义

（1）基于"一带一路"资源环境承载力国别评价与适应策略研究，团队提交了五份咨询建议并被两办采用。其中，基于沿线国家资源环境承载力评价，分析了朝鲜过去70年粮食生产的波动变化，研判了朝鲜的农业发展需求，提出了增强中朝农业合作的政策建议；基于沿线国家生态承载力评价，提出了提升生态文明建设在"一带一路"倡议中的地位，维护好"一带一路"沿线国家和地区生态安全等建议。与此同时，基于资源环境承载力研究已有数据库和现时研究积累，适时开展了"一带一路"沿线国家疫情发展与资源环境安全研究,定量评估了中国周边国家的疫情发展及其对粮食、大豆和石油安全的影响,发挥了积极的智库作用。

(2) 学术成果获得广泛的社会认可,产生了重要的社会影响。参与编写完成了《共建绿色丝绸之路:资源环境基础与社会经济背景》及其英文版 *Joint Construction of Green Silk Road: Social, Economic and Environment Context*,该成果成为第二届"一带一路"国际合作高峰论坛"绿色丝路分论坛"会议用书;同时,该成果还推动"丝路环境研究"入选本次高峰论坛成果清单。此外,课题组完成的五部技术报告和六部国别报告已经或即将在科学出版社出版,必将进一步扩大课题研究成果的学术影响和社会作用。

(3) 服务于沿线国家和地区生态环境保护战略的制定与实施。基于沿线国家资源环境承载力评价,分析了中国主要生态退化及其分布现状以及生态退化区与贫困连片区的关系,该成果被 ICIMOD 战略发展报告 "Regional Report on Mountain Poverty of HKH Region" 采用,为兴都库什-喜马拉雅地区针对生态退化问题制定差异化的扶贫战略和政策提供了直接支持。基于重点国家资源环境承载力评价,研究了尼泊尔水土流失发生状况、驱动因素以及治理技术应用效果和技术需求,并针对尼泊尔特定的自然条件和社会经济状况进行了技术推介,该成果和建议被尼泊尔伊萨卡气候农业研究所采用,为图里-贝里河流域水土流失治理提供了技术支持。

社会经济特征的科学认识*

一、成果背景

"一带一路"沿线地区地域广阔,社会经济发展基础不一,发展类型复杂多样,既表现为海陆格局与地理环境的自然属性差异,也具有经济结构和产业布局的经济属性差异,更包括社会文化、民族宗教及地缘政治格局的人文属性差异。由于历史基础、资源禀赋、制度环境和发展阶段的差异,沿线各国形成了不同的社会经济发展模式,社会经济发展水平、发展活力和发展效率也呈现出不同特征。改革开放40多年来,中国社会经济发展取得了举世瞩目的历史性成就,中国国内政府部门和学术界对自身发展的认识持续深化,但总体上,仍缺乏国际发展的全球视野与宏观认知,更加缺少对"一带一路"沿线地区社会经济系统全面深入的理解和认知,这在一定程度上影响到"一带一路"高质量发展。

在中国科学院"丝路环境"专项的支持下,自2018年以来,项目组开展了广泛而深入的国际合作和学术交流,先后前往波兰、白俄罗斯、肯尼亚、埃塞俄比亚、吉布提、越南、柬埔寨、泰国、

---

* 主要完成人:刘卫东、宋周莺、刘慧、王成金、韩梦瑶、叶尔肯·吾扎提、宋涛、陈明星等,中国科学院地理科学与资源研究所。

缅甸、老挝、马来西亚、印度尼西亚、孟加拉国、巴基斯坦、哈萨克斯坦、尼泊尔等 20 多个沿线国家进行了深入扎实的实地调研，在全面系统收集和整理宏观社会经济数据及资料的基础上，采用质性研究、计量模型、复杂网络分析、空间分析与统计、系统动力学模拟等方法，对"一带一路"沿线地区社会经济要素、过程、格局与机制等开展了深入细致的解析和探究，为全方位、多维度认知"一带一路"社会经济系统提供了科技支撑。

二、主要内容

1. 沿线地区社会经济特征剖析

基于联合国《2030 年可持续发展议程》，在全面收集和整理社会经济数据资料的基础上，采用历史比较、统计分析、空间分析与模拟、典型案例剖析等方法，项目对"一带一路"沿线国家经济发展、产业布局、基础设施、经贸合作、人口与城镇化、地缘政治、民族与宗教、贫困、教育、健康、就业、科技等社会经济特征，开展了深入的剖析与探讨。

（1）开展了沿线国家社会经济概况研究。全面剖析了沿线国家的治理结构、经济发展、人口概况、民族分布、宗教信仰、教育水平、科技能力、地缘关系等特征，开展了沿线国家现代化历程和现状调查，归纳了沿线国家现代化研究的主要理论成果、研究的主要方法及存在的主要问题。

（2）构建了沿线国家社会经济基础数据库。在系统收集沿线国家社会经济资料与数据的基础上，建立了"一带一路"沿线地区社会经济基础数据库，总结了沿线国家社会经济发展的总体格局和处理社会经济问题的经验教训，探索构建了沿线国家社会经济问题预警机制及其解决策略。

（3）开展了沿线国家人文合作研究。广泛开展人文合作交流是传承和弘扬丝绸之路友好合作精神的重要载体，为国家间合作奠定坚实的民意基础。项目全面梳理了"一带一路"沿线国家文化、教育、科技、旅游、援助与扶贫等社会发展基础和现状，提出不同领域"一带一路"人文合作方向，并针对不同国家提出以教育、科技等合作为重点的建设内容。

2. 经贸连通性及其资源环境流动识别

经贸合作是"一带一路"建设的重点内容，是促进沿线国家经济繁荣与区域合作的重要领域，也是实现联合国可持续发展目标的重要手段。本项目从投资贸易便利化和投资贸易合作两个方面入手，综合研究了中国与沿线国家的投资贸易便利化、贸易往来、双向投资、经贸合作区、工程承包与劳务合作等领域的进展；构建了综合测度经贸连通性的分析框架和指标体系，深入剖析了沿线国家间的经贸合作现状与问题，定量评估了中国与沿线国家间经贸连通性的发展态势与基本格局，识别了经贸合作的重点领域和重点国别，并对中国与沿线国家的投资贸易便利化合作、投资贸易合作、境外经贸合作区、工程承包与劳务合作等方面开展了拓展研究。

伴随经济全球化带来的全球劳动分工和跨境产业转移，全球生产和消费的空间错配越发突出。基于典型国别之间的经贸关联，本项目进一步刻画了伴随贸易网络的隐含资源环境流动路径，分析了区域关联、国际贸易、资源利用、环境影响之间的内在关联，探究了隐含资源环境流动效应，为沿线国家的绿色经贸合作提供量化支撑；基于不同国家的资源禀赋、环境排放、产业结构、贸易关联等，本项目区分了不同国别之间的资源环境责任归属，量化了主要国别的资源环境传导效应，为沿线国家的跨境贸易结构优化提供可行方案；项目构建了隐含资源环境流动的多要素综合评估体系，辨识了关键国别的资源环境变化，测度了典型国别隐含资源环境流动的影响阈值。

3. 基础设施连通性评估

科学认识沿线国家的基础设施连通性及其空间效应，是构建绿色丝绸之路的重要基础。本项目综合集成铁路、公路、航运、航空、信息网络和能源电力等各类基础设施，建立了沿线国家间基础设施网络、客货物流组织的基础数据库，提出了综合性立体化设施连通性的基础理论，包括概念界定、理论模式、评价指标、计算方法及可视化表达，定量评估了中国与沿线国家设施连通性的基本格局和发展态势，研判了沿线国家基础设施共建的重点区域和重点领域。

以空间属性最复杂的亚欧大陆为案例地区，本项目收集建立了亚欧大陆的基础设施网络、物流组织与航班航线等基础数据库，充分考虑了轨距"物理断裂"、海关口岸"软环境锁定"与海陆融合等基本空间抗阻因素，从各个角度设计了可达性的空间模型；从各个尺度系统评估了亚欧大陆的可达性分异规律，刻画出优势区域与优势通道；精准判别出亚欧大陆基础设施网络的"断裂线"与弱势地域。

同时，本项目设计了综合性战略支点的理论模式，量化评价了其空间体系，提出了中国进入的空间方案与路径，为保障中国重大战略物资供应安全提供了科学支撑；以亚吉铁路、比雷埃夫斯港、中老铁路等为案例，全面剖析了海外重大工程的战略发展模式，提出了以综合效益和包容性全球化为目标与导向的海外重大工程投资、建设、运营及本地化融入机制。

三、主要创新之处

1. 构建了"一带一路"沿线国家社会经济基础数据库

在全面系统收集和整理沿线国家社会经济数据与资料的基础上，本项目构建了"一带一路"沿线国家社会经济基础数据库，包括沿线国家的治理结构、经济发展、社会结构、资源环境、人口与城镇化、民族与宗教、地缘政治、贫困、就业、健康、科技、法律、行政等方面，系统开展了"一带一路"沿线国家社会经济要素、格局、过程与机制等研究，全面揭示了沿线国家社会经济发展特点及其近远期发展态势，为全方位、多维度认知"一带一路"社会经济系统提供了科技支撑。

2. 揭示了"一带一路"经贸连通性及其资源环境流动

本项目构建了综合测度经贸连通性的分析框架和指标体系，定量测度了"一带一路"经贸连通性格局演化；解析了"一带一路"贸易网络与全球贸易网络的拓扑关系，识别了"一带一路"贸易网络中的重点国别、重点行业和关键节点以及中国在"一带一路"贸易网络中的地位变化；运用投入产出分析、增加值分解及网络分析等方法，定量刻画了"一带一路"生产网络格局及演化过程。同时，本项目从区域关联视角，科学刻画了"一带一路"沿线地区的隐含资源环境流动路径，明晰了"一带一路"贸易网络的资源环境影响，揭示了发展中国家与发达国家之间隐含资源环境流动的内在规律，阐明了沿线国别的主要资源环境责任归属，构建了能源-碳排放-水资源多要素评估框架，测度了典型国别隐含资源环境流动的影响阈值，对于科学认知不同国别间经贸活动伴生的资源环境问题提供了量化参考。基于上述分析，本项目发现：

（1）沿线国家形成了越来越紧密的贸易网络。应用复杂网络、凝聚子群等方法刻画了贸易流的地理结构，揭示了国际贸易的网络特征及其"核心-边缘"结构。解析了"一带一路"贸易网络演化及其与全球贸易网络的拓扑关系，发现"一带一路"沿线逐渐形成较紧密的贸易网络，中国正在成为沿线国家越来越重要的贸易伙伴；识别出五个贸易组团，这些贸易组团存在一定的空间连续性，但在北非、中东等局部地区存在空间分割；中国、俄罗斯、印度、阿联酋、沙特、波兰等贸易大国已逐渐成为沿线贸易网络的节点，中国的核心地位突出；揭示了贸易组团的地理临近性，印证了地理因素的重要性。基于对贸易依存度、贸易占比、贸易影响力的分析，开发了贸易敏感行业识别方法，揭示了"一带一路"沿线的贸易商品结构；在此基础上识别了"一带一路"贸易网络中的重点国别、重点行业和关键节点。

（2）中国与沿线国家的经贸连通性普遍提高。根据中科连通性指数分析结果，中国与沿线国家经贸连通性稳步提升。其中，海外园区指标上涨较快，投资合作、贸易合作指标有所上涨，自贸区协议基本保持稳定，而通关便利化、双边投资协定指标有所下降。中国与沿线国家贸易投资便利化进程加快。2018年，中国已与52个沿线国家签订了双边投资协定，与54个沿线国家签署了避免双重征税协定，与10个国家达成了"经认证的经营者"互认安排。同时，中国积极与沿线国家签署自贸协定，基本形成了立足周边、覆盖沿线国家、面向全球的高标准自由贸易区网络。

（3）"一带一路"生产网络联系强度明显提升。"一带一路"生产网络内部联系强度逐年提升，中国在"一带一路"生产网络价值流动中处于核心和首位地位；2010年以来，中国成为全球通过生产合作对沿线国家经济贡献量最大的国家。为了科学测度某一经济体参与全球生产网络程度，从参与广度、参与深度、价值捕获能力三个维度构建更为综合的测度体系，实现了研究方法的创新。同时，基于境外经贸合作园区的案例研究，提出"中介协调下的战略耦合"新模式，拓展了全球生产网络与战略耦合研究的新视角，在理论研究上获得了新进展。

（4）沿线国家贸易伴生的资源环境问题仍然显著。从不同类型资源环境流动角度，全球95%以上的隐含碳净流出发生在"一带一路"沿线地区，美国、日本、欧盟国家通过产业转移的形式缓解了自身碳排放压力，将对应碳排放转移至东亚、东南亚、南亚等制造业为主的国家，形成了明显的碳排放泄漏效应；俄罗斯、中东国家等以直接贸易的形式出口石油、天然气等能源资源，同时以最终产品的形式进口能源密集型最终产品，以中国为代表的能源消费大国对沿线国家的原油依赖度相对较高；部分中亚、中东国家通过贸易形式进口水资源富集国家的产品，一定程度上缓解了自身水资源压力，但整体影响效应相对较小。

3. 研发了"一带一路"基础设施连通性评估方法

本项目系统刻画了沿线国家的基础设施网络现状与基本特征，构建了综合性基础设施连通性的理论模式、概念模型与模型方法，科学评估了沿线国家基础设施的连通性，测度了亚欧大陆空间可达性演化格局，揭示了口岸、轨距与海关等物理设施断裂效应、软环境锁定效应，构建了战略支点的理论体系与评价方法，探究了中国与沿线国家的基础设施互联互通水平、重大战略通道布局方案及海外战略支点进入方案，提出了未来基础设施连通所面临的科学问题与建议。

（1）沿线国家已初步形成了综合性基础设施网络。经过几百年的建设与发展，沿线国家已经形成了一定规模体量、通达水平较高、覆盖密度较大的基础设施网络。铁路网规模达到38.45万千米，集中在蒙俄地区，但中欧和东欧的路网密度最高，多数地区的铁路老化严重。干线公路达到51.74万千米，集中在中国和西亚，除中国和欧洲外,各国公路普遍较为落后。港口发展和布局集中在中国,但沿线国家形成了许多战略支点港口。沿线地区拥有接近800个机场,管道集中在欧洲和俄罗斯,海缆网络与海上丝绸之路形成较好的空间路径耦合。既有的基础设施网络有力地支撑着沿线国家的社会经济发展及交流往来,仍是未来"一带一路"倡议发展的主要物质基础与重点共建内容。

(2)沿线国家间基础设施互联互通差异明显。经过上百年的建设与发展,亚欧大陆尤其是欧洲大陆内部形成了密集的基础设施网络,但受国家是否接壤、国土面积大小、接壤国家数量、海陆格局及路网广度、技术水平的影响,各国间的连通性呈现较为明显的差异,由此塑造了"一带一路"建设的物质基础差异。沿线有47个国家存在铁路连通,欧洲国家间连通性较高,而亚洲国家间较低;有61个国家存在公路连通,中亚和东南亚国家的公路连通国家较多;仅44个国家开展了海洋运输,中国与沿线国家的联系最强,强度较大的航运联系主要发生在中国与沿线支点国家之间;中国与沿线国家的航空联系不断增强,连接城市、航线数量与航班密度不断增多。中国成为沿线国家互联互通的重点区域与核心区域。

(3)亚欧大陆空间可达性分布格局有所优化。本项目立足"断裂效应""锁定效应"与"融合效应"等科学问题,采用交通阻抗作为测算空间可达性的基本手段,充分考虑国家边界与海关、铁路设施连通与换轨等重大影响因素,考察口岸海关与轨距换轨对洲际交通网络可达性的影响及空间效应,揭示了亚欧大陆交通网络连通性的复杂格局与特殊机制。引入港口吞吐量、机场乘客数、城市行政级别和城市人口数来设置节点城市权重体系,构建了不同导向下的权重系数,即港口规模系数、机场规模系数、行政级别系数和城市人口规模,完成了亚欧大陆节点功能导向下的陆路可达性研究。项目基于交通枢纽城市、高等级城市和大型城市三类节点,将节点城市功能差异纳入可达性计算分析的框架中，分析港口、机场、行政和人口四类功能导向下的亚欧大陆可达性空间分布格局，总结节点城市差异影响下的可达性分布模式。在此基础上，科学刻画出亚欧大陆可达性的薄弱与瓶颈地区，识别出未来加强连通建设的"空白区域"与重点地域。

四、价值与成效

1. 研究成果填补了对沿线地区的认知空白

长期以来，我们更多学习西方发达国家的科学知识与先进经验，而相对缺乏对"一带一路"沿线国家的全面系统化认知，这在一定程度上影响了"一带一路"建设的战略决策和我国企业"走出去"的发展成效。本项目基于大量海外实地调研，创新性地探索出并采用了"中方＋外方""学者＋园区＋企业""学者＋政府决策者"等多元化的学术合作方式，构建了"一带一路"沿线国家社会经济基础数据库，对"一带一路"沿线地区社会经济特征、经贸连通性及其资源环境流动、基础设施连通性与重大战略通道建设、重大海外工程建设等开展了深入的解析和探究，为全面深入理解"一带一路"社会经济系统提供了科技支撑。

2. 研究成果有力支撑了国家规划和地方实践

开展"一带一路"沿线地区社会经济系统特征分析是一项基础性的研究工作，也是服务国家战略和地方实践的前提条件。基于"一带一路"沿线国家社会经济基础数据库，本项目拓展和深化了关于沿线地区社会经济系统的科学认识，辨识了制度与文化因素在"一带一路"海外实践和建设中的作用。上述研究工作有力支撑了"一带一路"建设进展第三方评估工作、"一带一路"建设"十四五"高质量发展思路及相关省份"一带一路"建设规划等战略决策。

矿产资源分布[*]

一、成果背景

随着工业化进程的明显提速和经济总量的快速增长，我国对矿产资源的需求量正在成倍增加，资源消耗也随之急速上升。据中国地质科学院预测：我国未来10~15年对大宗矿产的需求将达到高峰，铁矿石消费将达6.8亿吨，铜矿需求达670万吨，铝矿石消耗达1 550万吨。尽管我国近年来逐渐加大了地质勘查投入并不断取得重要找矿突破，但新增的探明储量幅度远不及矿产资源的消耗速度，尖锐的供需矛盾未得到明显缓解。因此，矿产资源短缺在相当长的时期内仍是我国推动经济高质量发展的大瓶颈和大制约。面对严峻的矿产资源形势，国务院在2006年就做出了加强地质工作的重大决定，特别强调要"突出重点矿种和重点成矿区带，积极开展重大地质问题科技攻关，大力推进成矿理论、找矿方法和勘查开发关键技术的自主创新"。在此态势下，瞄准国内外重要成矿区带和重点矿种，通过成矿理论和勘查技术的创新，加速发现一批新的矿产资源后备基地和大批大型-超大型矿床，既是一项重大的战略任

---

[*] 主要完成人：侯增谦、刘琰、陈川，中国地质科学院地质研究所；丁林，中国科学院青藏高原研究所。

务，又是突破我国资源瓶颈的必然选择。

特提斯成矿域是全球三大成矿域（环太平洋、特提斯、古亚洲）之一。该成矿域横亘亚欧大陆南缘，地理位置上西起地中海沿岸，向东经土耳其，过伊朗中北部、巴基斯坦、阿富汗，经帕米尔延至喜马拉雅，东西向延伸逾 10 000 千米。泛第三极正处于特提斯构造域的核心部位，跨越喜马拉雅-扎格罗斯造山带，发育众多不同类型的大型、超大型矿床。如碰撞伴随的挤压活动造就的与沉积岩有关的铅锌矿床，从伊朗扎格罗斯铅锌矿带至中国三江地区；其中，金顶矿床铅锌控制储量 1 500 万吨，Mehdiabad 是目前亚洲最大的铅锌矿床。碰撞引起的岩浆活动形成的一条 10 000 千米长的中新世西亚钙碱性火山岩浆带，赋存玉龙铜矿带、冈底斯铜矿带、伊朗阿塞拜疆-克尔曼（Arasbaran-Kerman）斑岩铜矿带、巴基斯坦 Chagai 铜矿带，含有至少四个超大型［萨尔·切什梅（Sar Cheshmeh）铜资源储量达 14.4 万吨，雷科迪克（Reko Diq）铜资源储量达 5.56 万吨，松贡（Sungun）铜资源储量达 4.94 万吨，赛因德格（Saindak）铜资源储量达 1.8 万吨］、一个中型（Meiduk）以及众多小型铜矿床（Waterman and Hamilton, 1975; Singer and Berger, 2005; Cooke et al., 2005; Zarasvandi et al., 2005, 2007; 张洪瑞等, 2009; Hou et al., 2010）。此外，在泛第三极的最东部，受碰撞挤压形成了一系列的走滑断裂带；其中，冕宁-德昌走滑断裂带多期次活动，形成了全球最具特色的十几个超大型、大型、中型和小型稀土矿床组成的稀土矿带（Hou et al., 2009, 2015; Liu and Hou, 2017），是除白云鄂博外我国第二大稀土资源产地。除此之外，泛第三极内还有锂、铍、铌、钽等其他储量丰富的矿产资源，特别是大陆碰撞造山以来形成的众多资源潜力巨大、矿种多样的矿床，可为我国经济发展提供重要的资源保障。因此，加强该区的综合地质调查和科技投入，查清成矿规律，预测找矿战略新区，是实现找矿新突破的必然需求。

最近研究表明，大陆碰撞造山带广泛发育大型-超大型金属矿床，泛第三极内的青藏高原和扎格罗斯造山带是典型实例。青藏高原造山带产出世界级规模的斑岩型铜矿带、造山型金矿带、逆冲推覆构造控制的铅锌成矿带、碳酸岩-碱性杂岩体型REE矿带和大型拆离系控制的锑金矿带等。这些大型-超大型矿床形成晚于65Ma，表明成矿作用贯穿于印度-亚洲大陆碰撞的全过程，分别构成了以钨锡钼和铅锌矿为主的主碰撞汇聚成矿系统、以铅锌和铜钼金矿为主的晚碰撞转换成矿系统、以铜钼和锑金为主的后碰撞伸展成矿系统。这些巨型成矿带及大型矿床的形成发育，已大致勾勒出大陆碰撞成矿的整体面貌，为建立大陆碰撞成矿理论奠定了重要基础。

泛第三极的喜马拉雅-扎格罗斯造山带是全球公认的最典型的且目前仍处于活动状态的陆陆碰撞造山带。选择泛第三极内喜马拉雅-扎格罗斯造山带为对象，通过广泛的资料收集和实地调研考察，建立泛第三极地区地质矿产数据库，聚焦于大陆碰撞带最重要的几类矿床——斑岩铜矿床、MVT型铅锌矿床、造山型金矿床、碳酸岩型稀土矿，采用比较矿床学的研究方法，进行造山带、矿集区、矿田三个不同尺度的综合对比研究，搭建碰撞造山过程与大型矿床形成的内在成因链接，揭示四类主要矿床的形成过程和成矿机制，对于理解特提斯构造演化、发展大陆碰撞成矿作用理论、掌握"一带一路"沿线矿产资源情况、提升矿产勘查评价水平，具有重大的理论和现实意义。

二、主要内容

本研究围绕"一带一路"矿产资源领域，重点关切金属矿产资源，聚焦新亚欧大陆桥、中国-中亚-西亚、中巴、中国-中南半岛四大经济走廊。研究区覆盖青藏高原、中亚四国（哈萨克斯坦、吉尔吉斯斯坦、塔吉克斯坦、乌兹别克斯坦，土库曼斯坦由于基本无成型金属矿产而未包括在内）、南亚（巴基斯坦）、西亚三国（阿富汗、伊朗、土耳其）、中南半岛五国（缅甸、越南、老挝、泰国、柬埔寨）。研究目标主要是：在建立完善地质矿产数据库基础上，选择区内对我国资源安全有重大影响的矿集区、优势金属资源（铜、金、铅锌、稀有稀土等）成矿系统进行地质背景和成矿规律研究，查明控制成矿系统发育的深部背景及区域岩浆岩、构造、地层等地质条件，揭示相应成矿规律和主要矿床控矿要素，探索优势成矿带及资源潜力评估方法，评估优势矿产资源找矿潜力，预测找矿远景区，在战略远景区基础上进一步圈定找矿靶区。在泛第三极全区基础上，考虑新疆作为丝绸之路核心区的重要地位，专门设置了新疆-中亚、新疆-西亚两个廊带的数据建设和研究工作，重点摸清两个廊带矿产资源潜力，全面服务于丝绸之路经济带建设以及我国更好利用国内国际两个市场两种资源的需求。

项目围绕丝绸之路经济带建设需求，系统开展了三方面研究。①建立泛第三极地质矿产数据库，提供四大经济走廊矿产资源数据及技术支撑。地质矿产数据库建设分为两个方面：一是"一带一路"全域发展要素并落实到具体四个经济走廊；二是泛第三极地质矿产要素，包括泛第三极全区、重要廊带和国别、重要战略远景区三个层次。泛第三极全区地质矿产数据集用于支撑泛第三极全区资源禀赋及矿床分布特征研究，比例尺为1∶500万；重要廊带、国别、地区、成矿区（带）地质矿产数据集用于支持重点区域的成矿规律研究及资源潜力评估，比例尺为1∶50万～1∶250万；战略远景区地质矿产数据集服务于战略远景区的圈定，比例尺为1∶25万（由中国地质科学院地质研究所负责，新疆大学提供数据服务及相关技术支持）。②综合泛第三极地质矿产数据空间分布特点，选择各区域重点矿床类型进行典型矿床解剖，查明控制成矿系统发育的深部背景及区域岩浆岩、构造、地层等地质条件，建立重点区域重点矿床类型矿床模型，揭示区域成矿规律和主要控矿要素（由中国地质科学院地质研究所和中国科学院广州地球化学研究所共同负责完成）。③结合上述两方面研究成果，完成泛第三极全区和重要经济廊带图件编制、资源潜力评估、战略远景区圈定，实现研究目标。

1. 泛第三极地质矿产数据库

课题组在广泛收集资料基础上，全面完成泛第三极地质矿产数据库建设相关研究内容，建设平台采用 ArcGIS，建设内容具体包括两个方面共五个层次。

(1) "一带一路"全域基础地理与发展要素数据集

该数据集分为两个层次：①将泛第三极矿产资源研究置于"一带一路"建设背景下，聚焦"一带一路"全域发展要素，为泛第三极矿产资源战略选区和供需分析提供"一带一路"全域发展要素数据支持。数据范围包括"一带一路"全域，数据内容包括地形地貌、"一带一路"沿线国家、各国主要城市、主要公路铁路、主要机场、主要港口、"一带一路"沿线铁路集装箱中心、丝绸之路北中南通道及海上通道具体路线、丝绸之路经济带建设要素；②聚焦丝绸之路经济带核心区——新疆，落实到新亚欧大陆桥、中国-中亚-西亚、中巴等具体经济走廊，与新疆-中亚、新疆-西亚廊带地质矿产数据集形成配套关系。数据范围包括新疆、中亚、西亚地区，数据内容包括基础地理、新疆发展要素、西气东输、疆电东送等发展要素。

(2) 泛第三极地质矿产数据集

该数据集分为三个层次：①泛第三极全区地质矿产数据集。数据范围包括青藏高原主体、中亚四国（土库曼斯坦由于无大中型金属矿产而除外）、南亚（巴基斯坦）、西亚三国（阿富汗、伊朗、土耳其）、东南亚五国（越南、老挝、柬埔寨、泰国、缅甸）；数据内容包括泛第三极全区1∶500万地质矿产数据集地质体要素类、地质界线及断层线要素类、矿床（点）要素三大要素类。其中，地质体要素类和地质界线及断层要素类以任继舜先生亚洲地质图（1∶500万）为基础，建立的相应要素类和属性内容包括各类地质体共21 299个，矿产数据包括各类矿产35 896个。②泛第三极重要廊带、国别、地区、成矿区（带）地质矿产数据集。重要廊带空间范围包括新疆-中亚廊带、新疆-西亚廊带，数据内容地质矿产数据主要包括地质体要素类、断层要素类和矿产要素类。其中，地质体要素类和断层要素类及其相应属性通过各主要国别1∶100万～1∶150万地质资料，结合1∶500万地质矿产数据集相关要素类进行修改后形成1∶250万地质矿产数据集，以保证数据一致性，包括各类地质体18 898个；矿产要素类按空间范围从1∶500万地质矿产数据集中提取而成，其属性同1∶500万地质矿产数据集矿产数据，包括各类矿产23 337个；重要国别和地区地质矿产数据集包括中亚四国（哈萨克斯坦、吉尔吉斯斯坦、塔吉克斯坦、乌兹别克斯坦）地质矿产数据、南亚（巴基斯坦）地质矿产数据、西亚三国（阿富汗、伊朗、土耳其）地质矿产数据、青藏高原地质矿产数据集，比例尺为1∶100万～1∶150万。该数据集旨在支撑重要成矿区带成矿规律和成矿预测相关研究工作，主要包括托克拉乌斯、阿塔苏-扎莱尔奈曼两个成矿带，比例尺1∶50万，数据内容包括地质体、构造、矿产、典型矿床、化探数据。③战略远景区地质矿产数据集。

上述两个方面五个层次的泛第三极地质矿产数据集，支撑了从泛第三极全区到重要廊带、重要国别和地区、重要成矿带，直至战略远景区各层次成矿规律研究、成矿规律成矿预测图件编制、靶区圈定等的数据保证,并将泛第三极地质矿产研究落实到"一带一路"具体经济走廊框架下,为后续研究奠定了坚实的基础。

2. 专题图件编制、资源潜力评估及靶区圈定

(1) 专题图件编制

基础地质矿产图:在泛第三极地质矿产数据集基础上,完成了泛第三极全区1:500万地质矿产图(图3-1)、新疆-中亚廊带(图3-2)和新疆-西亚廊带1:250万地质矿产图(图3-3)、中南半岛五国1:250万地质矿产图(图3-4)、阿富汗-伊朗-巴基斯坦-土耳其国别1:100万地质矿产图以及西亚1:250万地质矿产图等(图3-5~图3-9),共计9幅基础地质矿产图件。

成矿规律成矿预测图:在典型矿床解剖和区域成矿规律研究基础之上,在泛第三极各层次地质矿产数据集支撑下,基于构造分区和成矿区带划分,对泛第三极全区1:500万和两个廊带1:250万地质矿产数据集中各类地质体的构造背景及成矿属性进行定义,建立了泛第三极全区1:500万和重要廊带(新疆-中亚、新疆-西亚)1:250万成矿规律数据集,编制完成泛第三极全区1:500万综合成矿规律图(图3-10),以及新疆-中亚廊带、新疆-西亚廊带1:250万综合成矿规律图(图3-11、图3-12)。上述图件可根据需要进一步形成系列单矿种和不同成矿系列成矿规律及成矿预测图件。

(2) 资源潜力评估

基于泛第三极各层次地质矿产数据集的建设、成矿规律研究与成矿规律图件的编制,聚焦新疆-中亚廊带境外部分开展成矿预测与远景区圈定工作。首先在哈萨克斯坦主要成矿带中选择具有重要

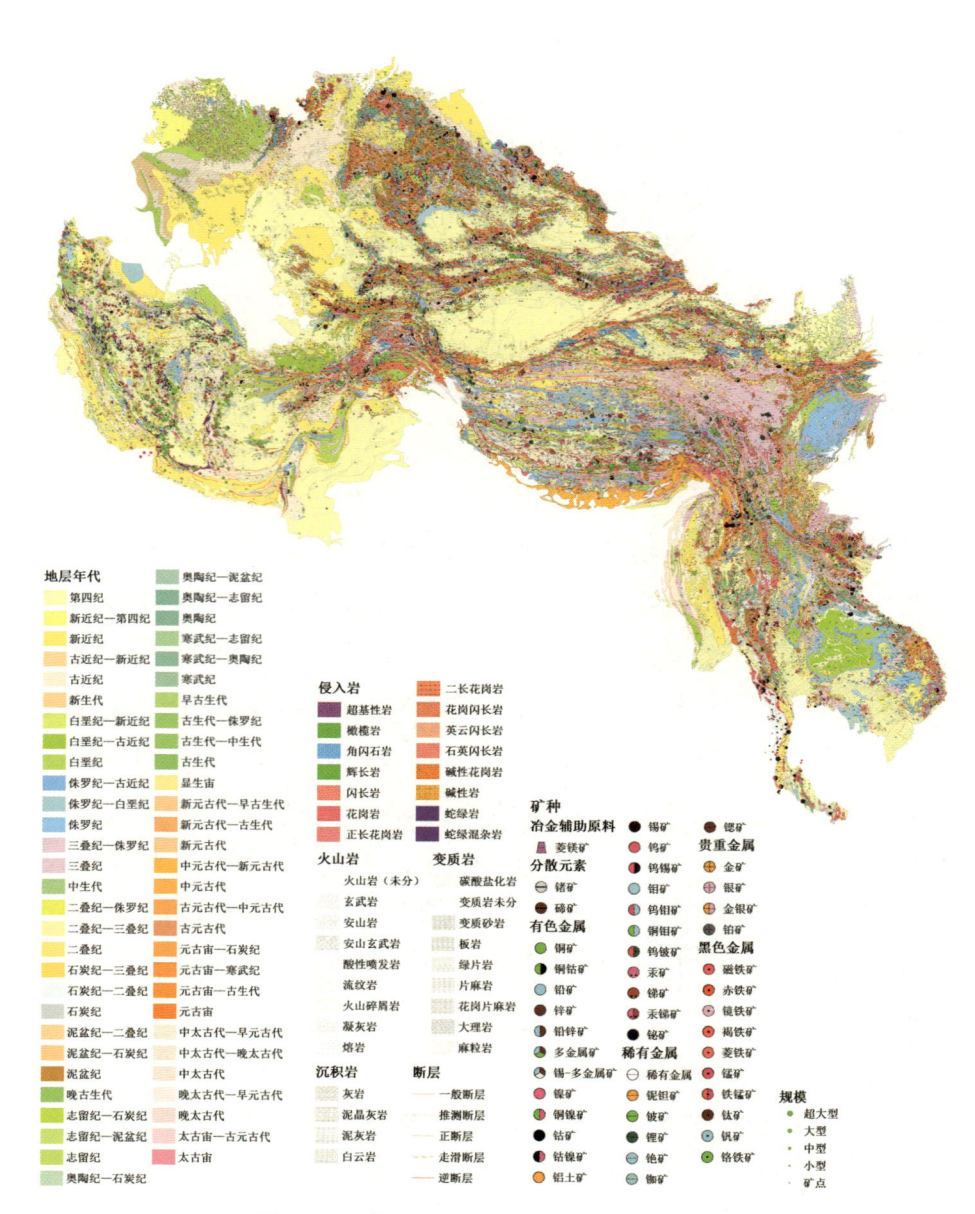

图 3-1 泛第三极全区（1∶500 万）地质矿产

矿产资源分布　31

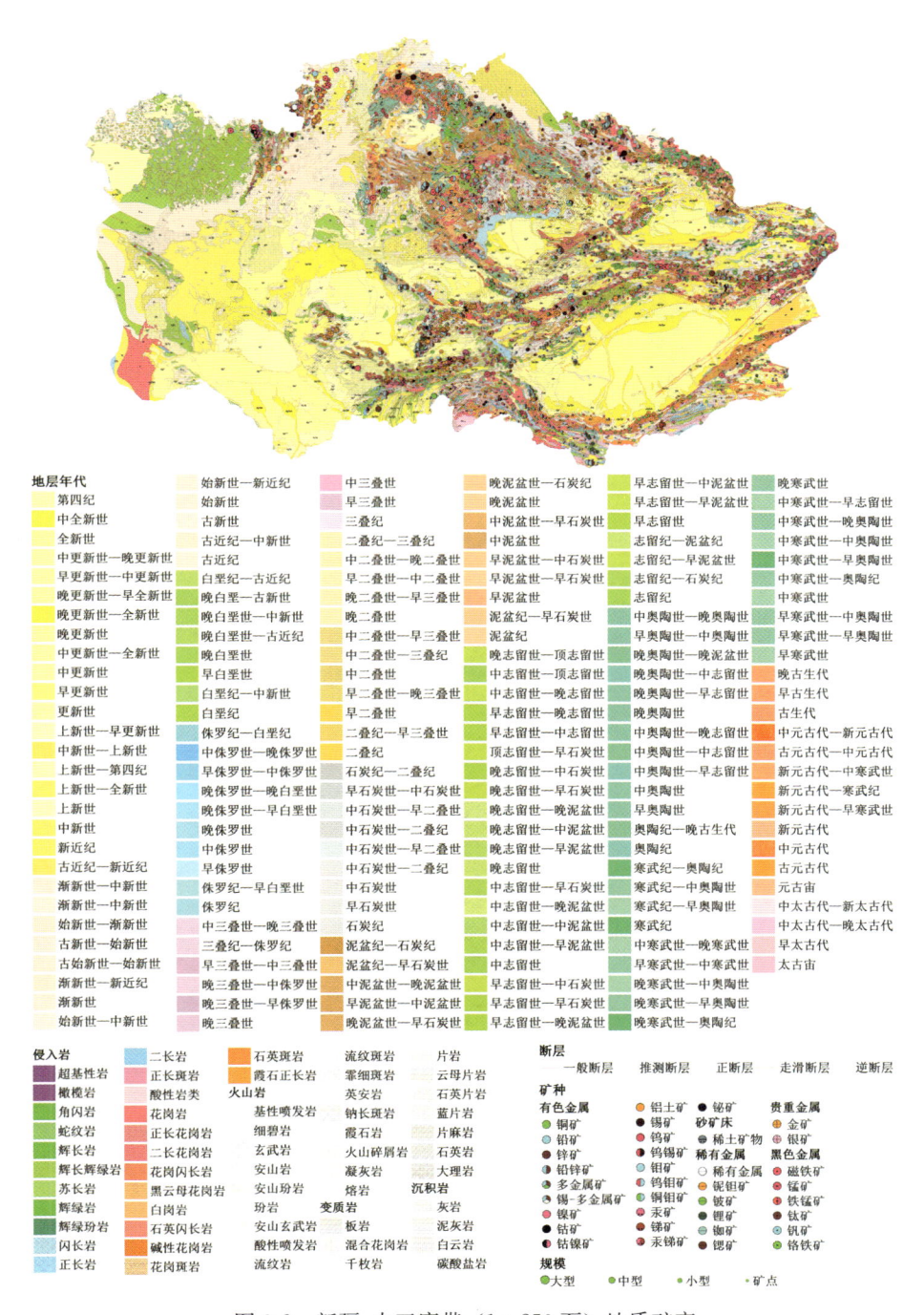

图 3-2　新疆-中亚廊带（1∶250 万）地质矿产

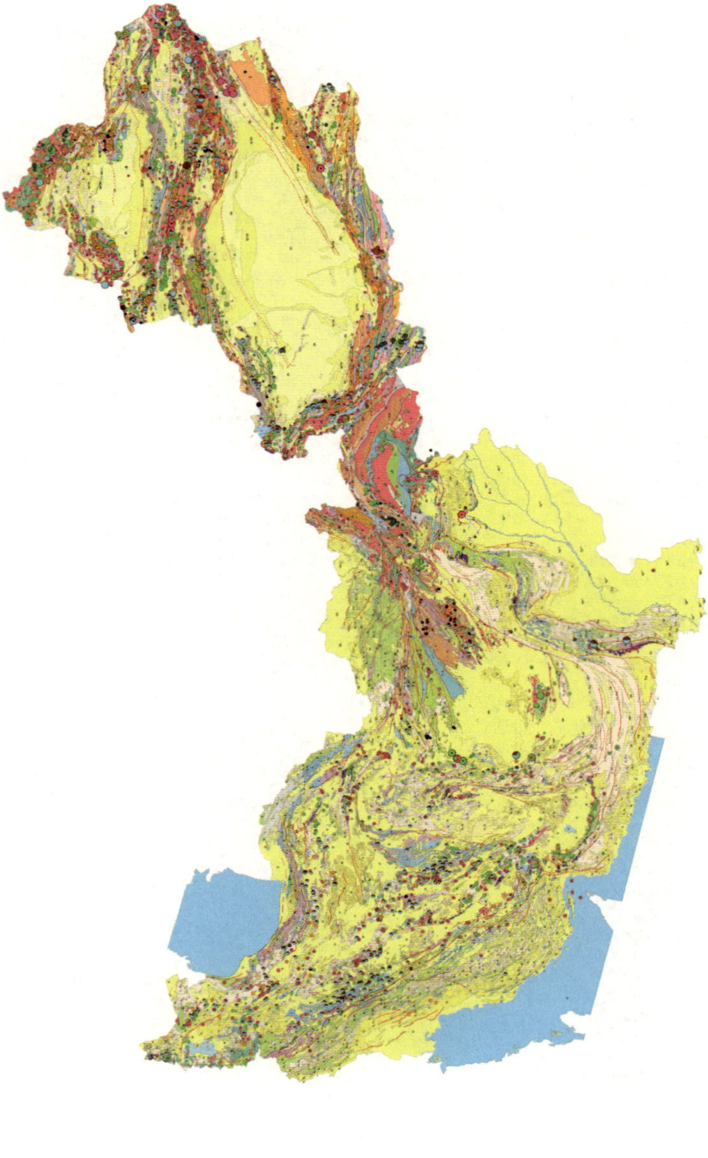

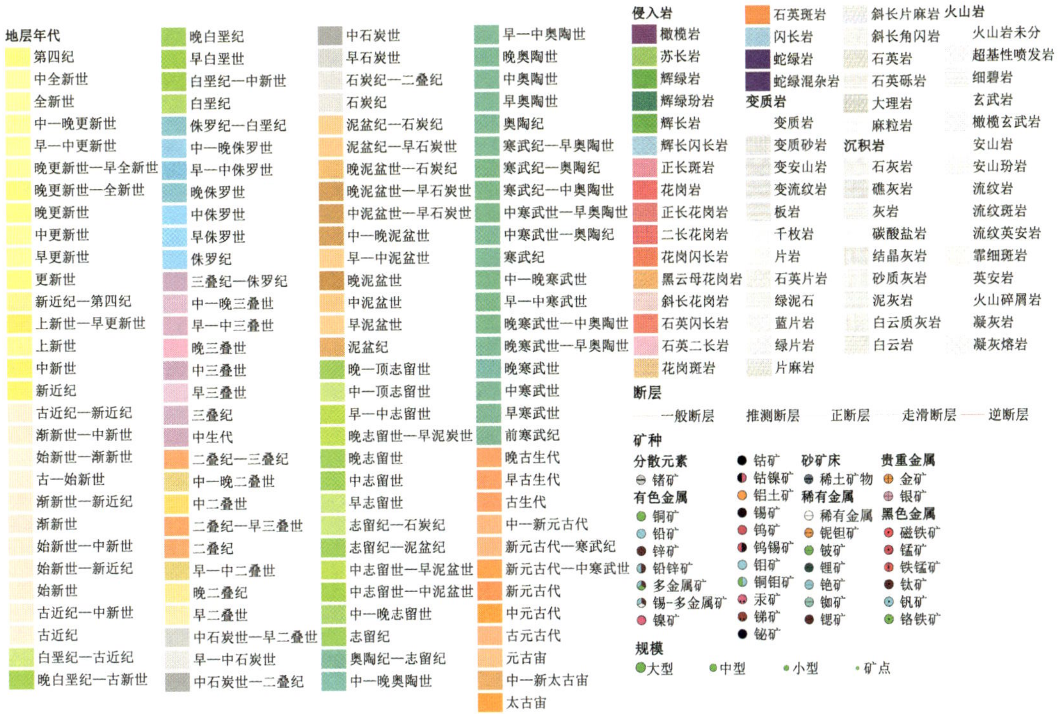

矿产资源分布   33

图 3-3 新疆—西亚廊带（1∶250 万）地质矿产

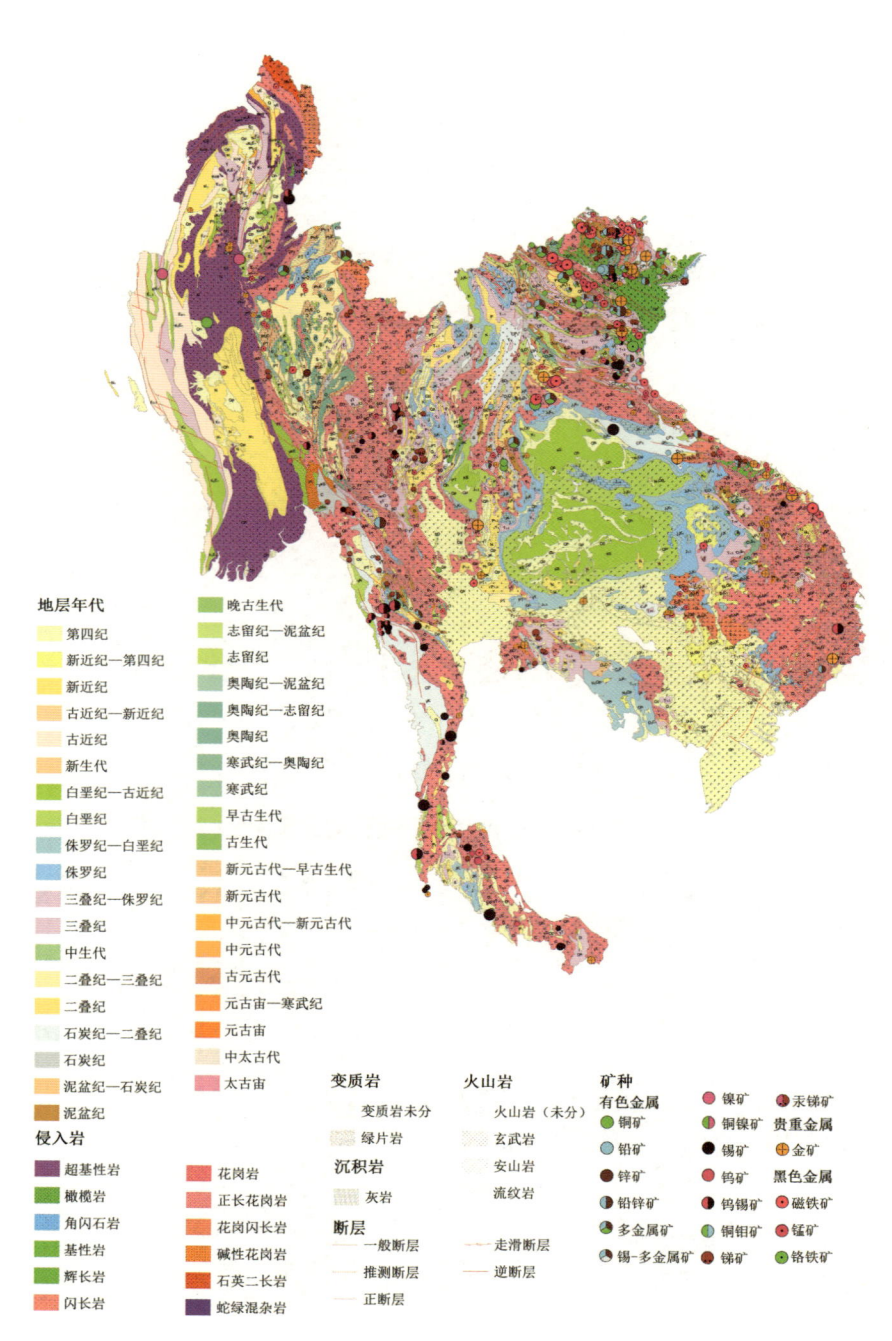

图 3-4　中南半岛五国（1∶250 万）地质矿产

矿产资源分布　35

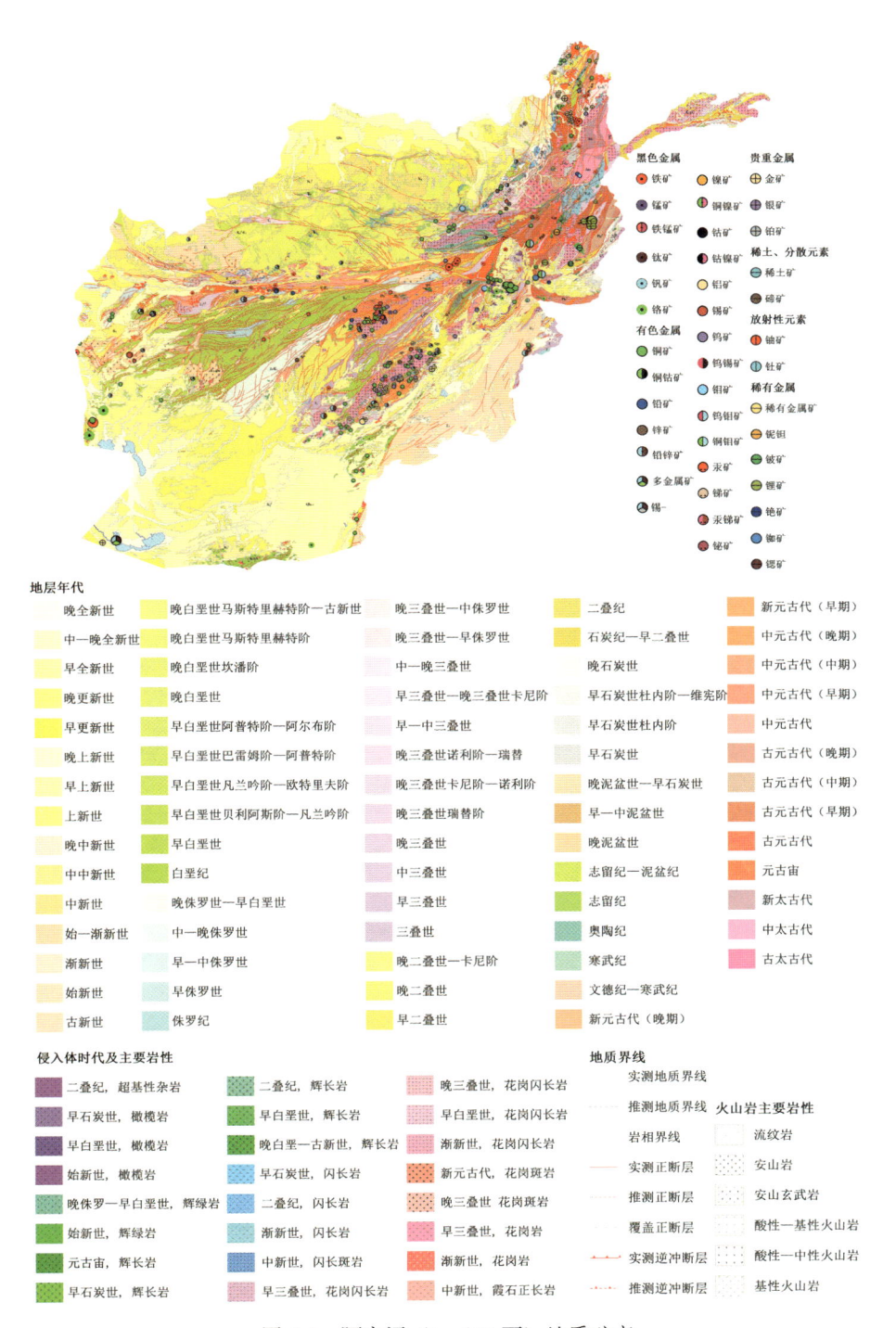

图 3-5　阿富汗（1∶100 万）地质矿产

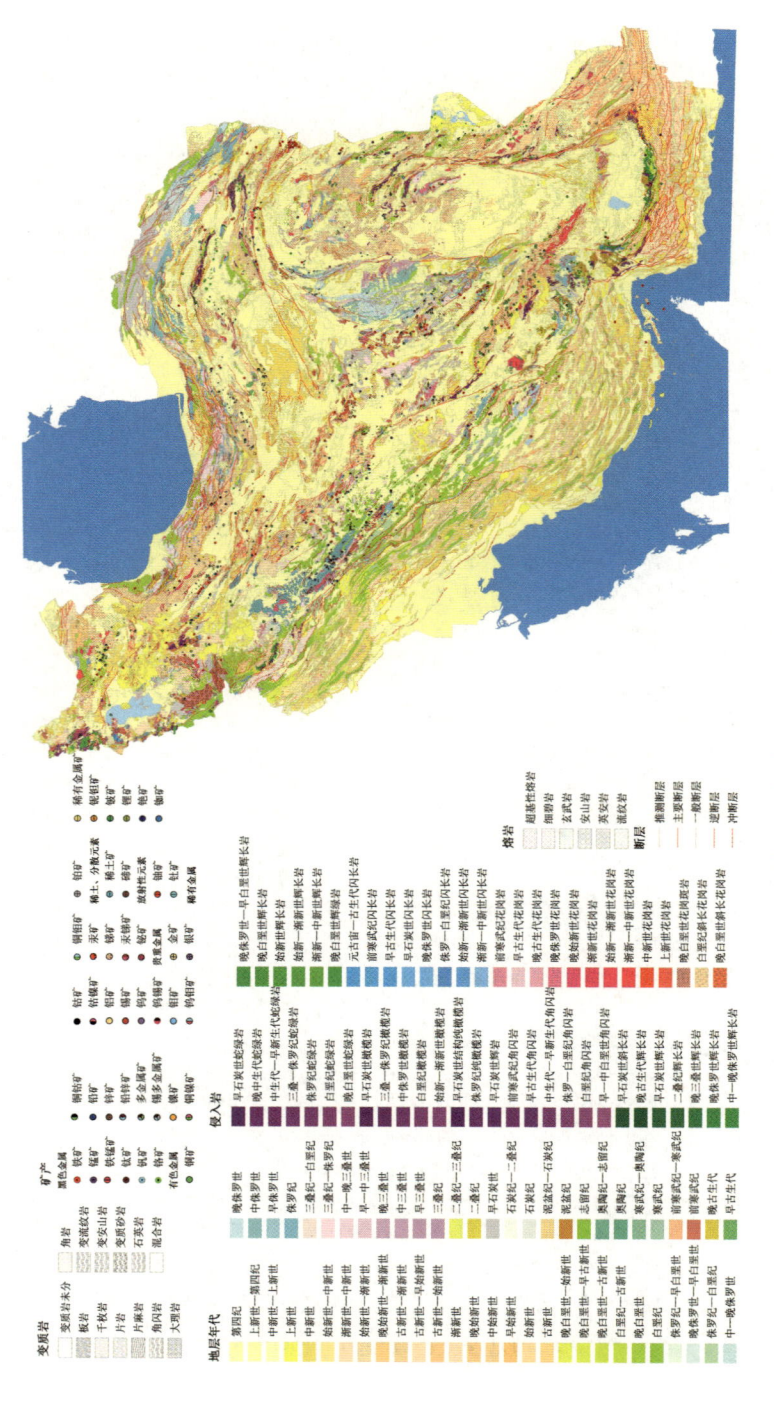

图 3-6 伊朗（1:100万）地质矿产

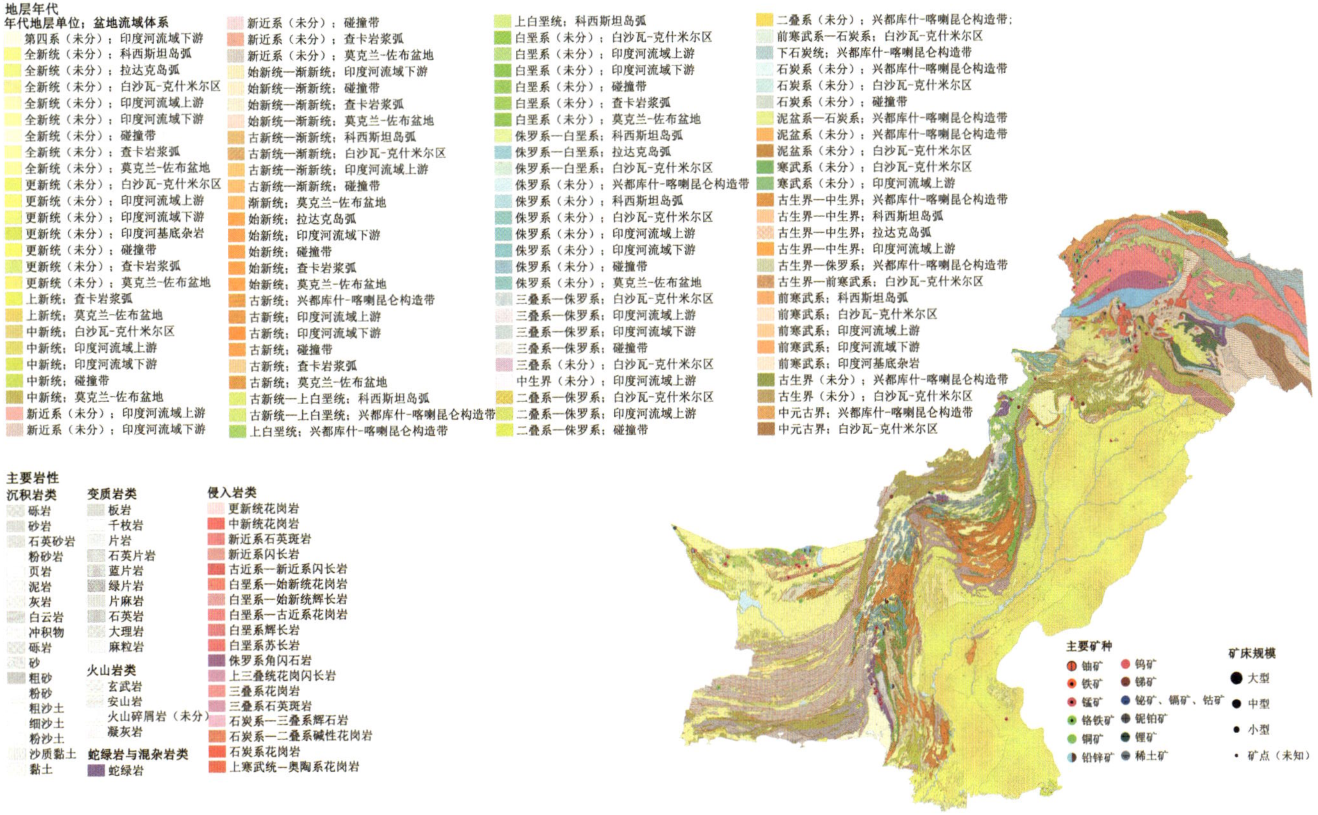

矿产资源分布　37

图 3-7　巴基斯坦（1：100 万）地质矿产

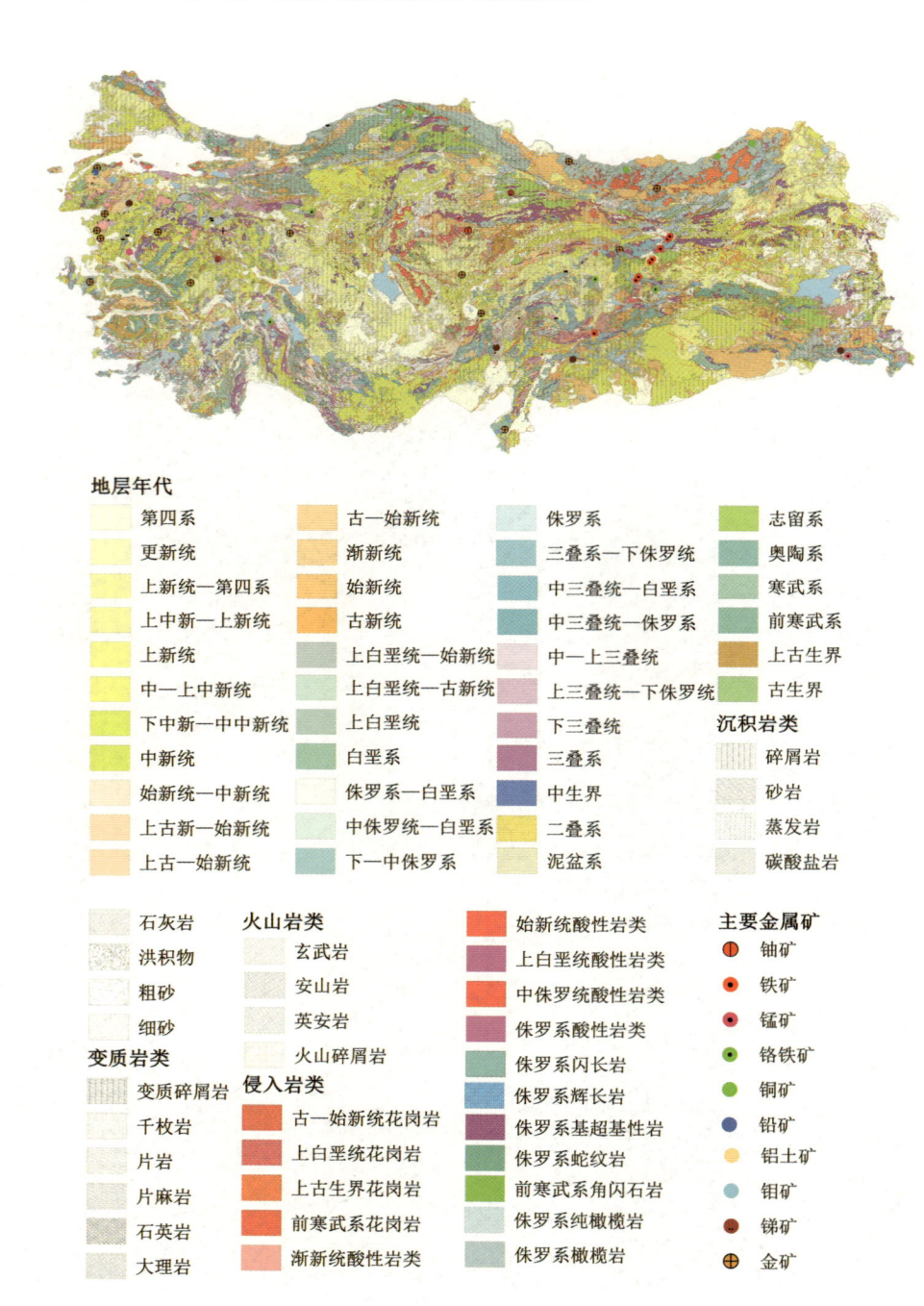

38　"一带一路"建设高质量发展的科技支撑成果

图3-8　土耳其（1∶100万）地质矿产

矿产资源分布 39

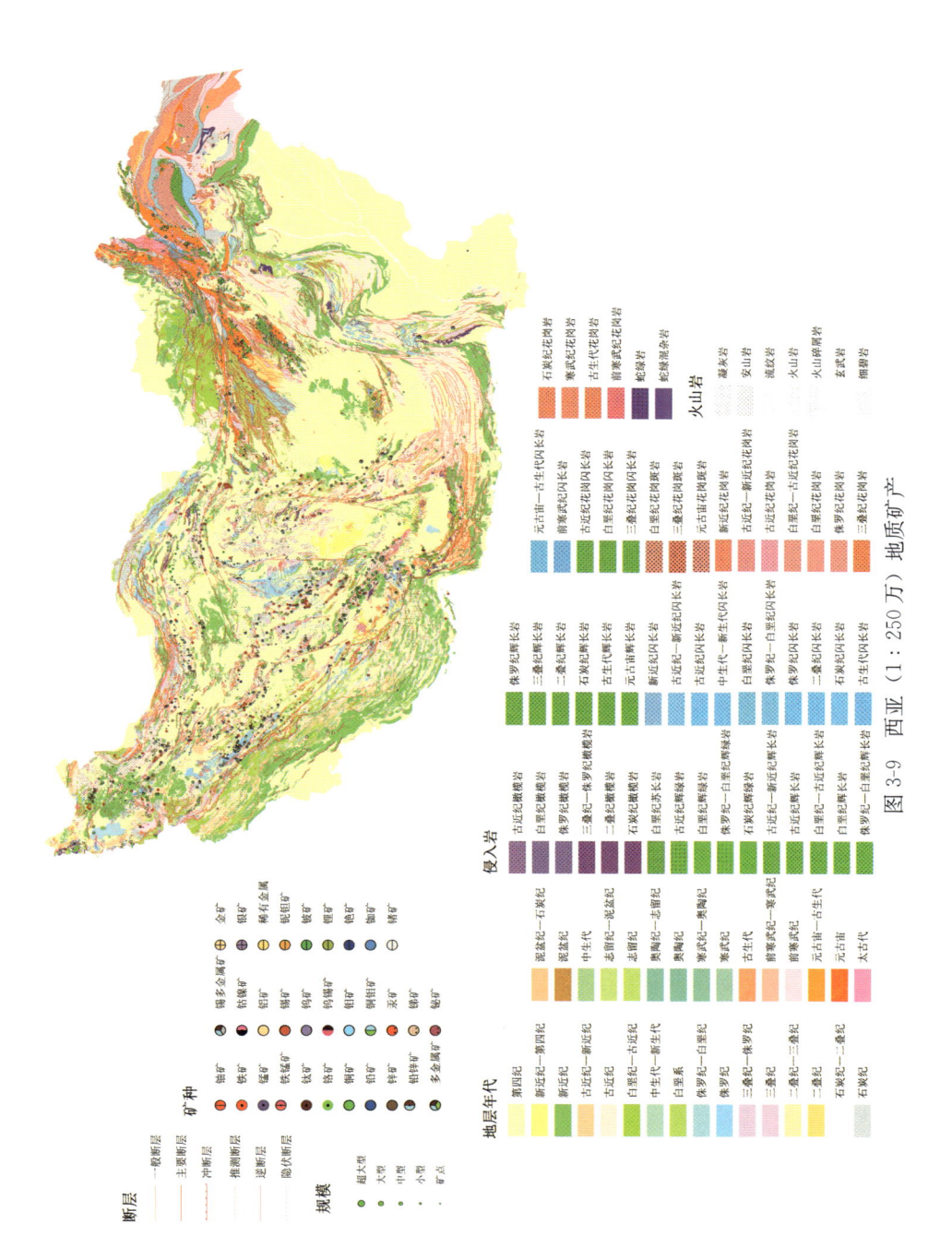

图 3-9 西亚（1∶250 万）地质矿产

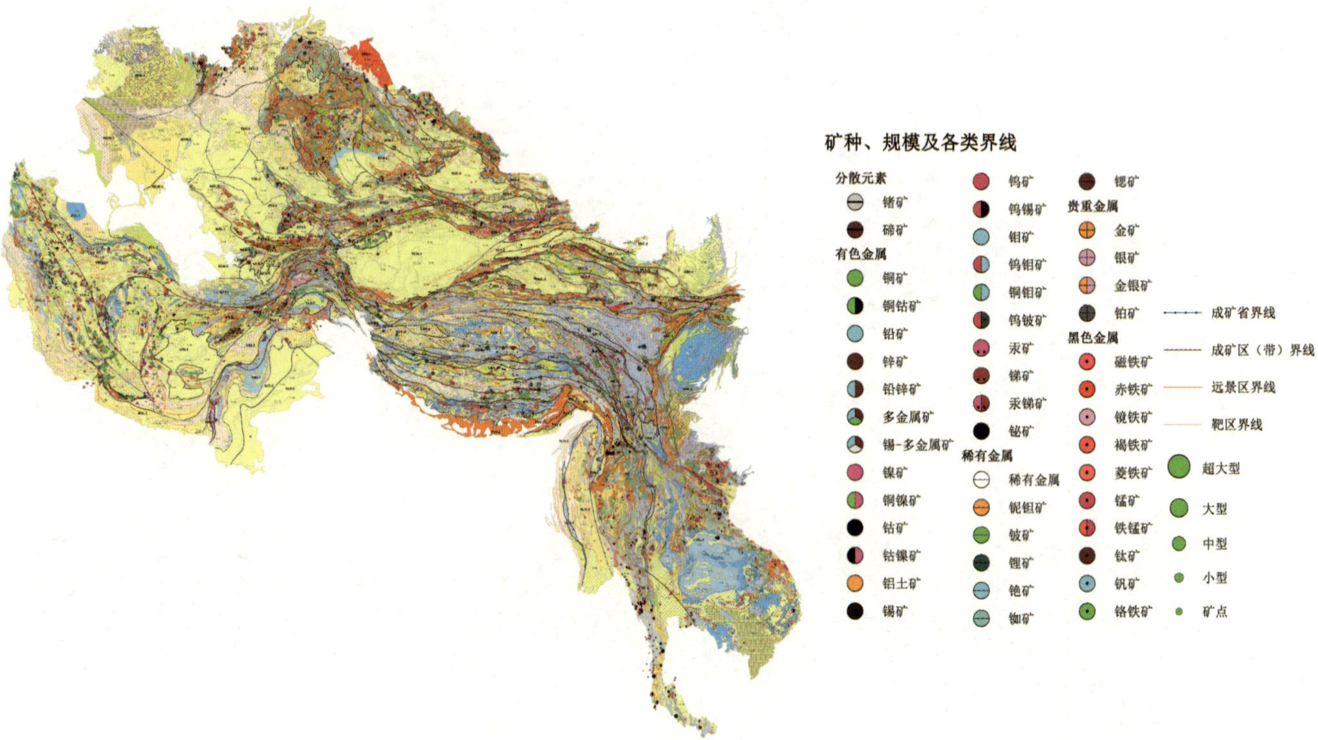

矿种、规模及各类界线

分散元素: 锗矿

有色金属: 铜矿、铜钴矿、铂矿、锌矿、铅锌矿、多金属矿、锡-多金属矿、钼矿、铜钼矿、铋矿、钴镍矿、铝土矿、锡矿

稀有金属: 铌矿、钽铌矿、钼矿、锂矿、铯矿、铷矿

黑色金属: 磁铁矿、赤铁矿、菱铁矿、褐铁矿、钒铁矿、锰矿、铁锰矿、钛矿、钒矿、铬矿

贵重金属: 锶矿、金矿、银矿、金银矿、钼矿

界线: 成矿省界线、成矿区（带）界线、远景区界线、靶区界线

规模: 超大型、大型、中型、小型、矿点

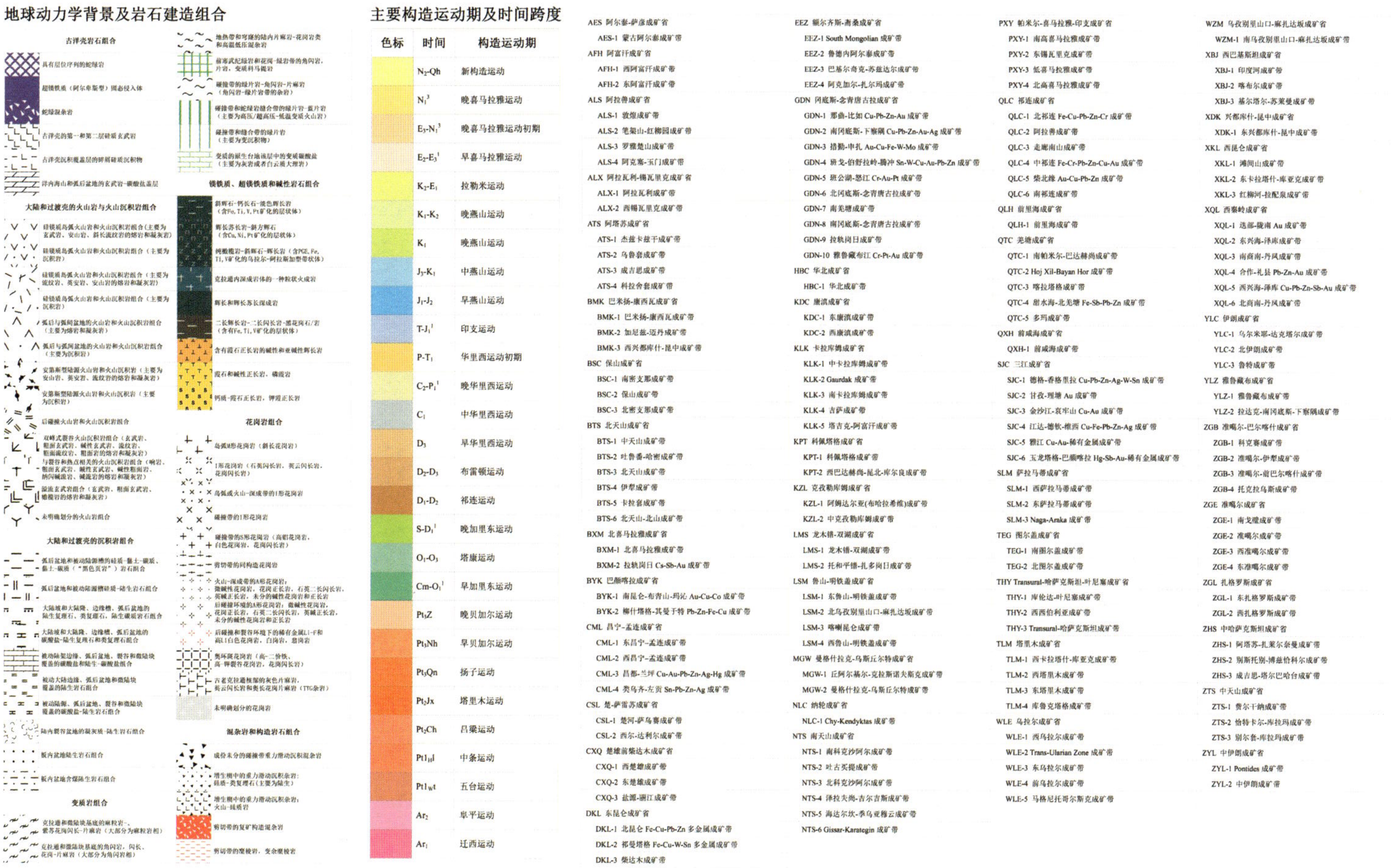

图 3-10 泛第三极全区（1：500 万）综合成矿规律

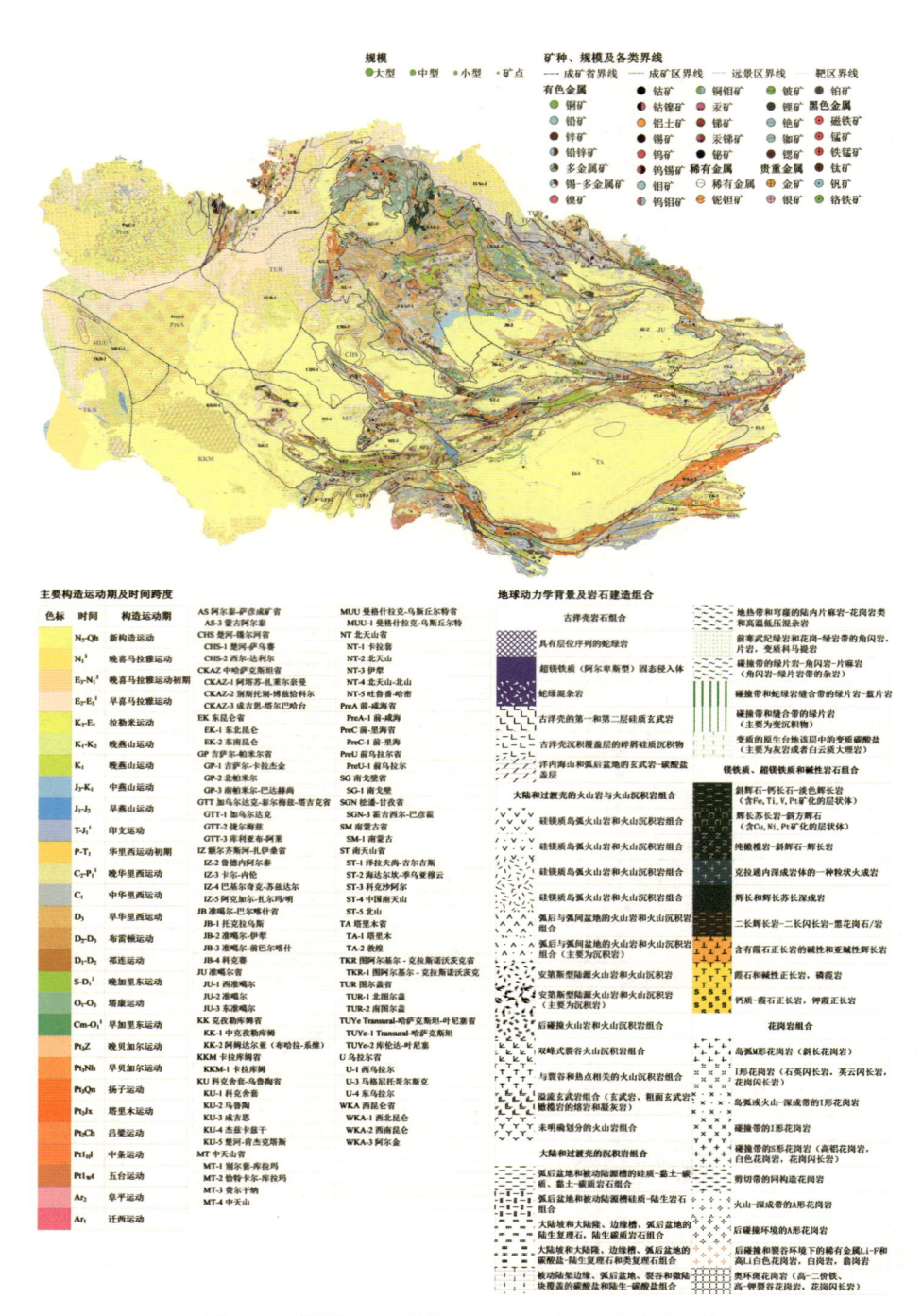

图 3-11　新疆-中亚廊带（1∶250 万）综合成矿规律

矿产资源分布　43

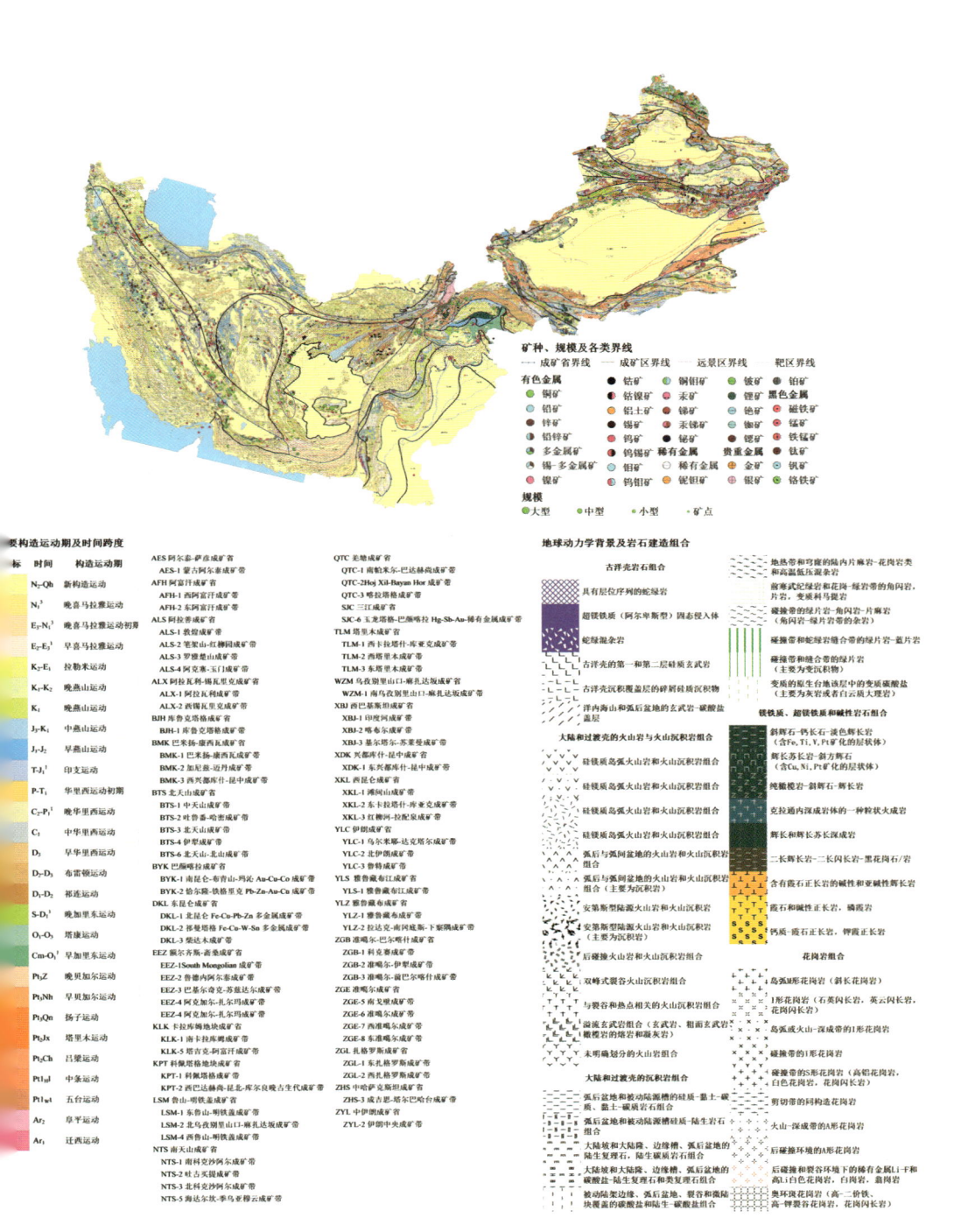

图 3-12　新疆-西亚廊带（1∶250万）综合成矿规律

战略意义的成矿带（托克拉乌斯成矿带、阿塔苏-扎莱尔奈曼成矿带），对其优势矿产资源（托克拉乌斯成矿带高温热液脉型钨钼矿和斑岩型铜矿、阿塔苏-扎莱尔奈曼成矿带 SEDEX 型铅锌矿）开展资源潜力评价研究，建设完成成矿带资源潜力评价数据集，并编制了 1∶50 万地质矿产、构造相、建造相以及成矿图等系列图件，探索资源潜力评价方法。两个成矿带资源潜力评价结果分别为：①托克拉乌斯钨钼铜资源量：三氧化钨 406 万吨，钼 171.8 万吨，铜 1 381万吨；②阿塔苏-扎莱尔奈曼成矿带铅锌资源量：铅锌 2 852 万吨。

（3）靶区圈定

在乌兹别克斯坦、塔吉克斯坦、吉尔吉斯斯坦重要远景区（矿集区）1∶20 万成矿预测数据集建设基础上，对区域内优势矿种和矿床类型进行分析，总结了各远景区（矿集区）优势矿种（矿床类型）相应矿床模型；基于 1∶20 万矿集区地质矿产数据集建设，系统编制了 17 个远景区（矿集区）1∶20 万成矿预测图件(图 3-13～图 3-15)，在 17 个远景区中圈定靶区 42 个：乌兹别克斯坦 21 个，其中 A 级 9 个、B 级 7 个、C 级 5 个；塔吉克斯坦 21 个，其中 A 级 7 个、B 级 5 个、C 级 9 个；吉尔吉斯斯坦 6 个，其中 A 级 1 个、B 级 5 个。

三、主要创新之处

（1）建立了系统完整的泛第三极地质矿产数据库。该数据库具有以下五方面创新特点：①将泛第三极地质矿产数据库建设置于共建"一带一路"框架下，实现"一带一路"发展要素与泛第三极地质矿产数据在两个方面五个层次的配套；②实现了分层次系统化的数据集建设，以满足泛第三极全域、重要廊带、重要国别和地区、

矿产资源分布　　45

成矿省编号	成矿省名称	成矿带编号	成矿带名称	主要矿种	成矿时代
CHS	Chu - Syrdarya	CHS-2	Syr Daria	U	N-Q
GP	Gissar-Pamir	GP-1	Gissar-Karategin	fl,U,Au,Zn,Cu,Ni,Cr	P₂-T₁
GTT	Gaurdak-Termez-Tajik	GTT-1	Gaurdak	s.K,s.Na,S,ph	K-E
		GTT-2	Termez	ph,bn	K₂-E
KK	Kyzyl Kum	KK-1	Central Kyzyl Kum	U,Au,W,Mo,Fe,Cu	C₂-P₁,N-Q
		KK-2	Amu Darya	ph	K-Pg
MT	Middle Tianshan	MT-1	Beltau - Kurama	Pb,Zn	D₃
		MT-2	Chatkal - Kurama	Cu,Au,Mo,Pb,Zn,U	D₃,P,C-P
		MT-3	Fergana	U,Cu	P
MUU	Mangyshlak - Ustyurt	MUU-1	Mangyshlak - Ustyurt	U,s.Na,Sr	K-Pg
NT	North Tianshan	NT-1	Karatau	ph,Pb,Zn,V,ba	D3,K,E₁
		NT-2	North Tianshan	Au,W,As,TR,Fe,Ti,Bi,V	D,C-P,PZ,Z
PreA	Pre-Aral	PreA-1	Pre-Aral	S,Na	N-Q
ST	South Tianshan	ST-1	Zeravshan - Kirgiz	Sb,Hg,Pb,Zn,Al,Au	C₂-P₁
		ST-2	Khaidarkan - Tyuyamuyun	Hg,Sb,U,Bi,Pb,Au,fl	P₂-T₁

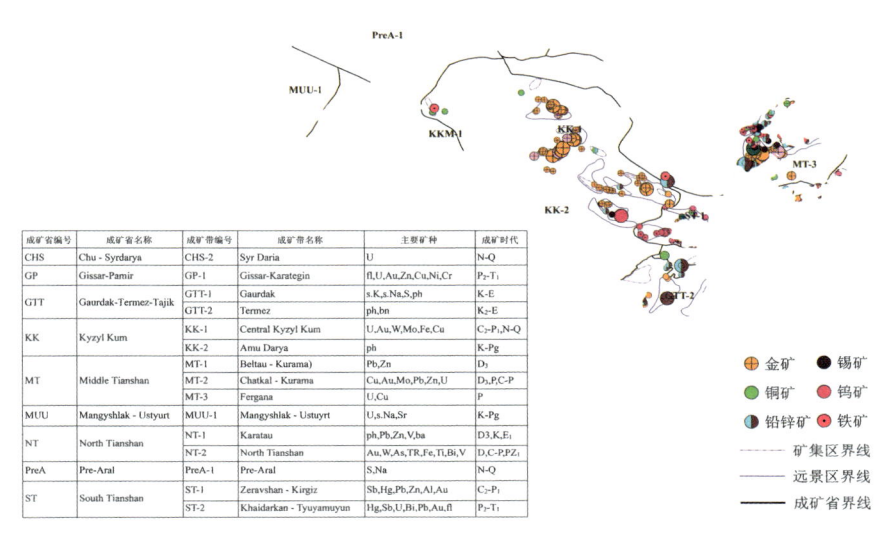

图 3-13　乌兹别克斯坦成矿远景区分布

成矿省编号	成矿省名称	成矿带编号	成矿带名称	成矿亚带编号	成矿亚带名称	主要矿种	成矿时代
UST	Ural - South Tianshan	MT	Middle Tianshan	MT-2	Chatkal - Kurama	Cu,Au,Mo,Pb,Zn,U	D3,P,C-P
				MT-3	Fergana	U,Cu	P
		ST	South Tianshan	ST-1	Zeravshan - Kirgiz	Sb,Hg,Pb,Zn,Al,Au	C2-P1
PT	Pamir - Tibet	GTT	Gaurdak-Termez-Tajik	GTT-2	Termez	ph,bn	K2-E
				GTT-3	Kulyab - Alai	s.Na,cel(Sr)	K2-E
		GP	Gissar-Pamir	GP-1	Gissar-Karategin	fl,U,Au,Zn,Cu,Ni,Cr	P2-T1
				GP-2	North Pamir	Cu,Au	P-T
				GP-3	South Pamir - Badakhshan	lz,spinel,to,qz,Ag,Sn,B,Au,Al,Li,Ta	PR1,MZ

图 3-14　塔吉克斯坦成矿远景区分布

成矿省编号	成矿省名称	成矿带编号	成矿带名称	成矿亚带编号	成矿亚带名称	主要矿种	成矿时代
KNT	Kokshetau - North Tianshan	NT	North Tianshan	NT-2	North Tianshan	Au,W,As,TR,Fe,Ti,Bi,V,Be,Mo	$D,C-P,PZ_1$
UST	Ural - South Tianshan	MT	Middle Tianshan	MT-2	Chatkal - Kurama	Cu,Au,Mo,Pb,Zn,U	$D_3,P,C-P$
				MT-4	Middle Tianshan	Au,Fe,W,Pb,Zn	PZ_2
		ST	South Tianshan	ST-1	Zeravshan - Kirgiz	Sb,Hg,Pb,Zn,Al,Au	C_2-P_1
				ST-2	Khaidarkan - Tyuyamuyun	Hg,Sb,U,Bi,Pb,Au,fl	P_2-T_1
				ST-3	Kokshaal	Sn,W,Hg,Mo,Au	$P_2-T1,C-P$

图 3-15　吉尔吉斯斯坦成矿远景区分布

优势成矿带与远景区不同层面的数据需求；③以信息科学思想为主导，在技术方法上将泛第三极数据库建设分为空间数据库、空间数据处理（信息提取和分析）以及空间数据可视化三个层次进行建设，数据库属性内容齐全，并按照我国国标进行了相应代码化，信息提取分析及编图成图便利快捷；④在系统收集泛第三极不同尺度、不同来源的数据资料基础上，实现了泛第三极域内地质矿产数据的分层次统一建设；⑤编制完成空间数据库与图件一体化的泛第三极全域系列图件，包括泛第三极全区 1∶500 万地质矿产图、新疆-中亚廊带和新疆-西亚廊带 1∶250 万地质矿产图、中南半岛五国 1∶250 万地质矿产图、中亚四国 1∶150 万地质矿产图、阿富汗-伊朗-巴基斯坦-土耳其国别 1∶100 万地质矿产图等系列图件，同时可以按时代、岩性、国别、各级构造分区、各级成矿带、矿种、规模等提取各类信息，快速编制研究所需的各类专题图件。

(2) 选择新亚欧大陆桥经济走廊的哈萨克斯坦，以托克拉乌斯成矿带高温热液脉型钨钼矿床和斑岩型铜矿床、阿塔苏-扎莱尔奈曼成矿带 SEDEX 型铅锌矿为目标成矿带和目标矿床类型，进一步探索和完善了"矿床模型-空间数据库-空间分析"一体化资源潜力评价方法。该方法依据成矿规律研究成果，在较为完备的空间数据库建设基础上，采用系列空间分析方法，获得"与已发现矿床相关远景区"和"待发现矿床相关远景区"，进而获得不同规模矿床的空间分布密度和平均资源量，最终获得目标矿床类型、目标矿种待发现的矿床数量、资源量及空间分布位置（远景区）。该方法可与泛第三极地质矿产数据库配套使用，实现成矿带尺度的资源潜力评价并初步评价勘查风险。

(3) 聚焦新亚欧大陆桥、中国-中亚-西亚两大经济走廊，在吉尔吉斯斯坦、塔吉克斯坦和乌兹别克斯坦三个资源禀赋优异的国家通过研究优选优势金属矿产资源远景区；结合 1∶20 万成矿预测数据集建设，系统圈定找矿靶区 42 个，可为风险勘查企业战略决策提供有力支撑。

四、价值与意义

本研究围绕"一带一路"沿线的金属矿产资源，聚焦"一带一路"新亚欧大陆桥、中国-中亚-西亚、中巴、中国-中南半岛等四大经济走廊，基于构建的地质矿产数据库，探索泛第三极全区及新疆-中亚、新疆-西亚两个廊带的矿产资源潜力，全面服务于"一带一路"建设及我国更好地利用国内国际两个市场两种资源的需求。同时，选择区内对我国资源安全有重大影响的矿集区、优势金属资源（铜、金、铅锌、稀有稀土等）成矿系统，进行地质背景和成矿规律研究，揭示相应成矿规律和主要矿床控矿要素，评估优势矿产资源找矿潜力，预测找矿远景区，在战略远景区基础上进一步圈定找矿靶区。两部分研究内容相辅相成，为深入研究泛第三极的矿产资源分布及下一步的预测提供了坚实的基础；同时，可以服务国内战略资源的保障与勘探开发以及大型企业在泛第三极区域的投资、找矿等。

参 考 文 献

Cooke, D. R., Hollings, P., Walshe, J. Giant porphyry deposits — characteristics, distribution and tectonic controls. *Economic Geology*, 2005, 100: 801-818.

Hou, Z. Q., Liu, Y., Tian, S. H., et al. Formation of carbonatite-related giant rare-earth-element deposits by the recycling of marine sediments. *Scientific Report*, 2015, 5: 10231.

Hou, Z. Q., Tian, S. H., Xie, Y. L. The Himalayan Mianning-Dechang REE belt associated with carbonatite-alkaline complexes, eastern Indo-Asian collision zone, SW China. *Ore Geology Reviews*, 2009, 36: 65-89.

Hou, Z. Q., Zhang, H. R., Pan, X. F. Porphyry Cu (-Mo-Au) deposits related to melting of thickened mafic lower crust: examples from the eastern Tethyan metallogenic domain. *Ore Geology Reviews*, 2010, 39: 21-45.

Liu, Y., Hou, Z. Q. A synthesis of mineralization styles with an integrated genetic model of carbonatite-syenite-hosted REE deposits in the Cenozoic Mianning-Dechang REE metallogenic belt, the eastern Tibetan Plateau, southwestern China. *Journal of Asian Earth Sciences*, 2017, 137: 35-79.

Singer, D. A., Berger, V. I. Porphyry copper deposit density. *Economic Geology*, 2005, 100: 491-514.

Waterman, G. C., Hamilton, R. The Sarcheshmeh porphyry copper deposit. *Economic Geology*, 1975, 70: 568-576.

Zarasvandi, A., Liaghat, S., Zentilli, M. Geology of the Darreh-Zerreshk and Ali-Abad porphyry copper deposits, central Iran. *International Geology Review*, 2005, 47: 620-646.

Zarasvandi, A., Liaghat, S., Zentilli, M., et al. $^{40}Ar/^{39}Ar$ Geochronology of alteration and petrogenesis of porphyry copper-related granitoids in the Darreh-Zerreshk and Ali-Abad area, central Iran. *Exploration and Mining Geology*, 2007, 16: 11-24.

张洪瑞、侯增谦、宋玉财等："斑岩铜矿床在东特提斯成矿域中的时空分布特征"，《地质学报》，2009年第2期。

油气资源分布[*]

一、成果背景

油气资源是全球最重要的战略性资源,关系到全球安全、经济发展和社会稳定。"一带一路"沿线大部分地区地处全球油气产量最高、储量最为丰富的特提斯油气域,域内石油和天然气可采储量占全球已探明总量的68%,潜在资源量占全球的50%以上。"一带一路"油气资源的勘探开发、供应格局和贸易流向对全球能源治理体系及可持续发展均具有重要的作用。

然而,特提斯域内油气资源分布和富集规律具有显著的不均一性。98%的储量集中分布在少数几个地区,包括阿拉伯板块东北部、非洲大陆东北缘、中亚和东南亚地区,形成了中东、北非、中亚-俄罗斯和东南亚四个主要含油气区。我国地处特提斯域东段,石油和天然气资源量严重不足,可采资源量仅占全球的1.6%。已有研究表明,特提斯域内不同构造带、不同类型的沉积盆地以及不同的构造和古地理条件对烃类物质分布具有明显的控制作用。因此,准确认识特提斯域内油气形成的地质条件、富集规律和资源分

---

[*] 主要完成人:李亚林、韩中鹏、肖思祺、陈曦,中国地质大学(北京);丁林,中国科学院青藏高原研究所。

布，不仅对理解我国含油气盆地油气形成条件与分布规律具有重要作用，对我国与"一带一路"沿线的油气资源合作开发也具有重要意义。

"一带一路"沿线是我国油气资源进口的主要来源，超过70％的油气进口份额来自该地区。随着全球石油、天然气生产和消费格局变化以及国际政局变动和国际关系变化，"一带一路"沿线的油气合作面临着新的机遇和挑战。准确把握"一带一路"沿线的油气分布规律、资源潜力、供需格局及贸易发展趋势，将为构建良好的油气合作战略和经贸往来提供依据。

二、主要内容

针对特提斯域内油气资源分布的不均一性以及特提斯域内我国含油气盆地的油气评价和勘探问题，本研究以板块构造、古地理学、含油气盆地分析等理论为指导，以古地理对盆地油气形成条件与富集规律的控制作用为重点，通过对特提斯域内不同时期的岩相和气候古地理格局恢复重建，分析油气资源形成与分布的主控因素，探索油气资源富集规律与资源远景。通过对"一带一路"沿线含油气盆地的油气地质、油气田分布、资源量、贸易量等数据的收集和分析，编制油气资源量分布、勘探开发态势等图件，分析"一带一路"沿线油气资源分布规律、产量、贸易量以及贸易流向趋势，对"一带一路"沿线地区勘探开发潜力与合作开发前景进行评估，为"一带一路"沿线的油气资源合作提供参考。本项研究的成果主要包括"一带一路"沿线主要油气区油气形成与资源分布规律探索、产量和贸易量发展趋势分析、油气合作风险评估等内容，同时提升对特提斯域内我国青藏地区含油气盆地油气形成条件和资源潜力的认识。

三、主要创新之处

1. 揭示了"一带一路"沿线的油气地质特征与资源量分布

沉积盆地古地理和古构造背景是形成大型油气田的基本条件，并控制着油气形成与资源分布。特提斯域石油、天然气的聚集分布与盆地性质和演化密切相关。特提斯域的中东、北非、中亚-俄罗斯和东南亚主要油气区盆地古地理、沉积特征、成藏特点、油气田分布等显示，大型油气田主要分布于面向洋盆的被动大陆边缘盆地、大陆裂谷上覆的坳陷盆地、大陆/地块碰撞型盆地、与地体增生和岛弧碰撞的盆地、走滑作用相关盆地、俯冲边缘盆地，分别占大型油气田总量的34%（304个）、31%（271个）、20%（173个）、8%（71个）、6%（50个）和1%（8个）。

阿拉伯板块东北缘的中东地区含油气盆地主要为被动大陆边缘盆地和前陆盆地，主要成藏组合为始新统-中新统、白垩系、侏罗系和古生界；其中，大陆边缘盆地成藏组合主要为白垩系、侏罗系和古生界，前陆盆地主要成藏组合为白垩系-新近系。油气田主要分布在阿曼、中阿拉伯、鲁卜哈利、美索不达米亚、西阿拉伯和扎格罗斯等盆地。截至2020年底，中东地区石油探明储量1 132亿吨（占全球48.3%），天然气探明储量75.8万亿立方米（占全球40.3%）（图4-1）。中亚-俄罗斯地区盆地类型包括克拉通盆地、大陆裂谷盆地、前陆盆地和弧后盆地，油气主要集中分布在北高加索盆地、卡拉库姆（阿姆河）、滨里海、南里海、塔吉克等盆地，包括五个成藏组合。其中，晚侏罗世大陆边缘富磷、富硅、富铁族元素等营养盐和富绿硫细菌的上升流提高了有机质的生产力和埋藏率，是形成高有机质丰度沉积并在陆架富集、促进烃源岩发育以及形成巨大生烃潜力的重要条件。俄罗斯油气区盆地类型包括克拉通盆地、大陆裂谷盆地、前陆盆地和弧后盆地，主要成藏组合为石炭系-二叠系、三叠系、侏罗系-白垩系，油气田主要分布在西西伯利亚、东西伯利亚、东巴伦支海、伏尔加乌拉尔、滨里海等大型盆地。中亚-俄罗斯油气区石油探明储量 199 亿吨（占全球 8.4%），天然气探明储量 56.6 万亿立方米（占全球 30.1%）。非洲地区油气主要分布于北非古达米斯、锡尔特、伊利兹、木祖克、北埃及等盆地，盆地性质包括克拉通边缘盆地、大陆边缘裂谷盆地和前陆盆地，天然气主要分布于古生界层系，石油主要富集于中、新生界层系。截至 2020 年底，该区石油探明储量 166 亿吨（占全球 7.2%），天然气探明储量 12.9 万亿立方米（占全球 6.9%）。亚太地区成藏组合包括中生界、古近系和新近系，盆地类型主要为活动陆缘、克拉通、裂陷盆地、被动陆缘和前陆盆地。截至 2020 年底，亚太地区（含中国和澳大利亚）石油探明储量 61 亿吨（占全球 2.6%），天然气探明储量 16.6 万亿立方米（占全球 8.8%）。

2000—2020 年，全球主要油气区探明储量分布趋势显示（图 4-1），"一带一路"沿线石油和天然气探明储量总体有增加的趋势；中东和中亚-俄罗斯是全球储量最为丰富的地区，石油探明储量占全球总量的 56.7%，天然气储量占全球的 70.4%，其中石油储量主要集中在沙特（17.2%）、伊朗（17.2%）、伊拉克（8.4%）、科威特（5.9%）、阿联酋（5.6%）、尼日利亚（2.8%）、卡塔尔（1.5%）等国家，天然气储量集中在俄罗斯（19.9%）、伊朗（17.1%）、卡塔尔（13.1%）和土库曼斯坦（7.2%）；待发现油气资源总量超过 1 200 亿吨（油当量），占全球待发现资源总量的 50% 以上。"一带一路"沿线的中东地区是全球石油和天然气探明储量最为丰富的地区，中亚-俄罗斯天然气储量丰富。

本项成果通过重新分析含油气盆地有关地层和沉积相资料，完成泛第三极早、中、晚侏罗世和三叠世以及早、晚白垩世 9 个时间

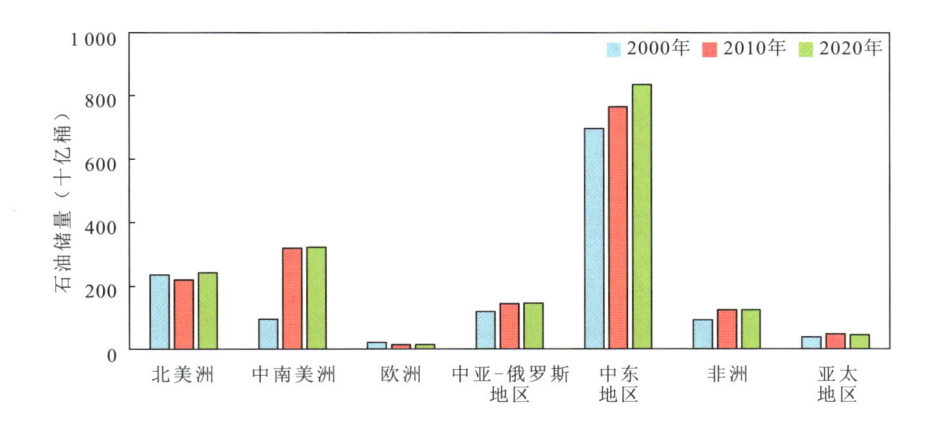

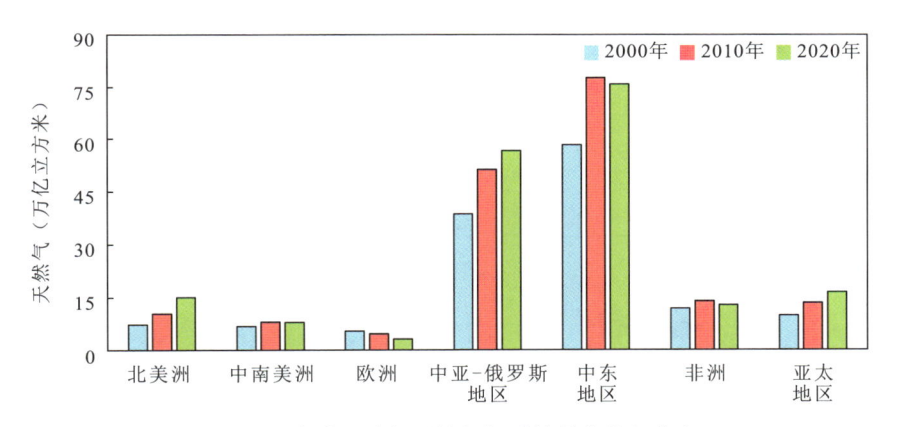

图 4-1 全球石油与天然气探明储量变化与分布

断面的 18 幅岩相古地理图、气候古地理图。同时，结合盆地性质类型、主要目的层系分布特点以及特提斯域典型盆地和关键时期生储盖发育特点，初步明确盆地古地理对烃源岩、储集层、盖层等油气地质条件的控制作用、盆地类型与油气分布的关系。在此基础上，结合全球石油与天然气资源量分布，明确了油气形成规律与资源量分布特点。

2. 解析了"一带一路"沿线的油气产量与贸易趋势

"一带一路"沿线的油气产量与贸易直接影响全球油气资源格

局。全球及"一带一路"沿线近十年石油产量显示，2010—2020年，全球石油产量由 39.79 亿吨增至 41.65 亿吨。其中，中东地区由 12.10 亿吨增至 12.97 亿吨（图 4-2），2020 年产量由高到低依次为沙特（5.20 亿吨）、伊拉克（2.02 亿吨）、阿联酋（1.66 亿吨）、伊朗（1.43 亿吨）、科威特（1.30 亿吨）、卡塔尔（0.76 亿吨）、阿曼（0.46 亿吨），产量占全球总产量的 31%。中亚-俄罗斯地区产量 2010—2019 年逐年增加，但 2020 年又回落到 2010 年的水平（6.60 亿吨），而 2019 年的峰值产量为 7.19 亿吨。产量最高的是俄罗斯，占该地区总产量的 79.39%，其他依次是哈萨克斯坦、阿塞拜疆、土库曼斯坦和乌兹别克斯坦。非洲油气产量由 4.87 亿吨降至 3.27 亿吨，2020 年产量由高到低依次为尼日利亚、阿尔及利亚、

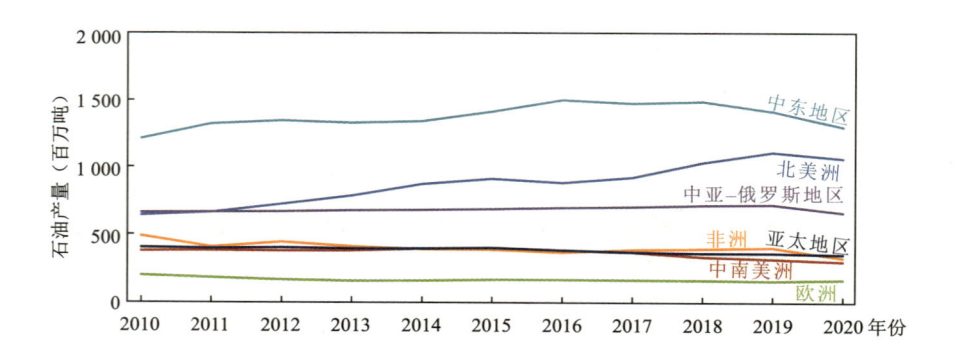

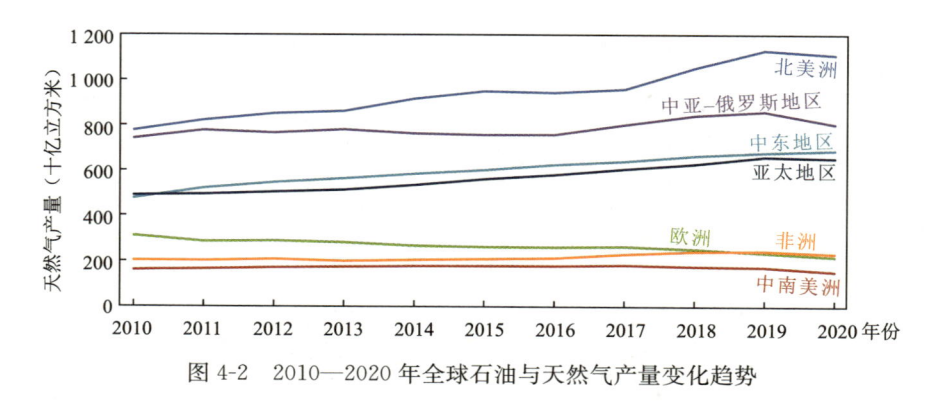

图 4-2 2010—2020 年全球石油与天然气产量变化趋势

安哥拉、埃及。亚太地区油气产量由 4.04 亿吨降至 3.53 亿吨，除中国外，2020 年产量由高到低依次为印度尼西亚、印度、马来西亚、澳大利亚、泰国、越南。全球及"一带一路"沿线 2010—2020 年石油贸易流显示（图 4-3），中东地区为全球石油生产和出口最主要的地区，亚太地区和欧洲为主要的石油消费地，其中石油进口量贸易份额以亚太地区占主体。从石油产量和贸易流向看，加强与中东等国家合作是实现我国进口石油资源保障的主要途径。

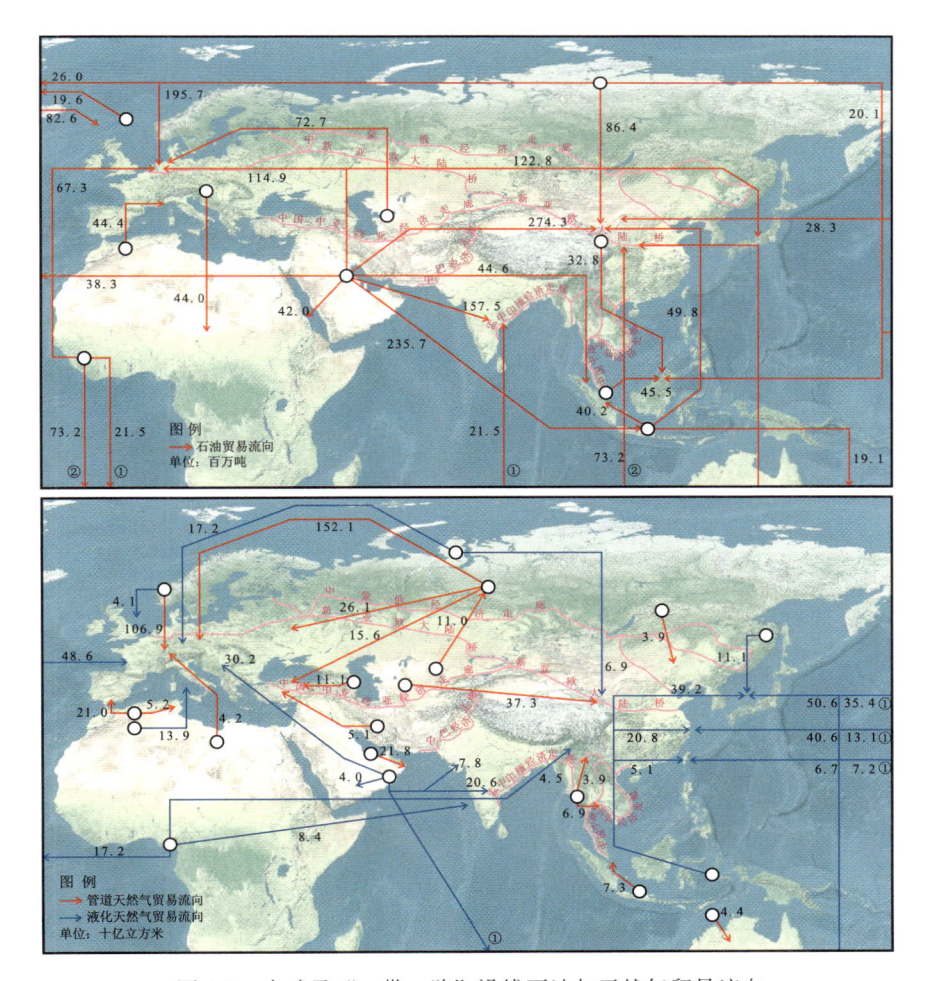

图 4-3 全球及"一带一路"沿线石油与天然气贸易流向

全球及"一带一路"沿线 2010—2020 年天然气产量和贸易流显示（图 4-3），全球天然气产量由 31 508 亿立方米增至 38 537 亿立方米。其中，中东地区由 4 746 亿立方米增至 6 866 亿立方米，2020 年产量由高到低依次为伊朗、卡塔尔、沙特、阿联酋、巴林、科威特、伊拉克、叙利亚。中亚-俄罗斯地区由 7 400 亿立方米增至 8 024 亿立方米，其中，俄罗斯 2020 年产量 6 385 亿立方米，占该地区产量的 79.57%，其他依次为土库曼斯坦、乌兹别克斯坦、哈萨克斯坦和阿塞拜疆。非洲天然气产量由 2 015 亿立方米增至 2 313 亿立方米，2020 年产量由高到低依次为阿尔及利亚（815 亿立方米）、埃及（585 亿立方米）和尼日利亚（494 亿立方米）。亚太地区由 4 881 亿立方米增至 6 521 亿立方米，除中国外，2020 年产量由高到低依次为澳大利亚、马来西亚、印度尼西亚、泰国、巴基斯坦、孟加拉国、印度、缅甸、文莱。中亚-俄罗斯是天然气生产和对外输出的主要地区，其次为中东和非洲地区，亚太地区和欧洲为主要的天然气消费地。中亚-俄罗斯主要输出方式为管道天然气，中东、北非为液化天然气（图 4-3）。可见，我国要与中东、中亚地区以及俄罗斯等国家密切合作，实现油气资源保障。

3. 分析了我国油气资源贸易份额与趋势

我国是石油进口大国，石油进口量从 2015 年的 3.36 万吨增至 2021 年的 5.13 万吨。"一带一路"沿线具有丰富的资源和产量，是我国海外勘探和贸易合作的主要地区。2021 年，我国石油产量 1.99 亿吨（同比增长 2.4%），进口量同比降低 5.4%，石油对外依存度 72.05%。其中，我国从沙特进口石油约 8 757 万吨，占石油进口总量的 17.0%；其次是俄罗斯（7 964 万吨，15.5%）、伊拉克（5 708 万吨，11.1%）、阿曼（4 482 万吨，8.7%）、安哥拉（3 916 万吨，7.6%）、阿联酋（3 194 万吨，6.2%）、巴西（3 030 万吨，5.9%）、科威特（3 016 万吨，5.9%）、马来西亚（1 854 万吨，

3.6%)、挪威（1 319 万吨，2.6%）(图 4-4)。

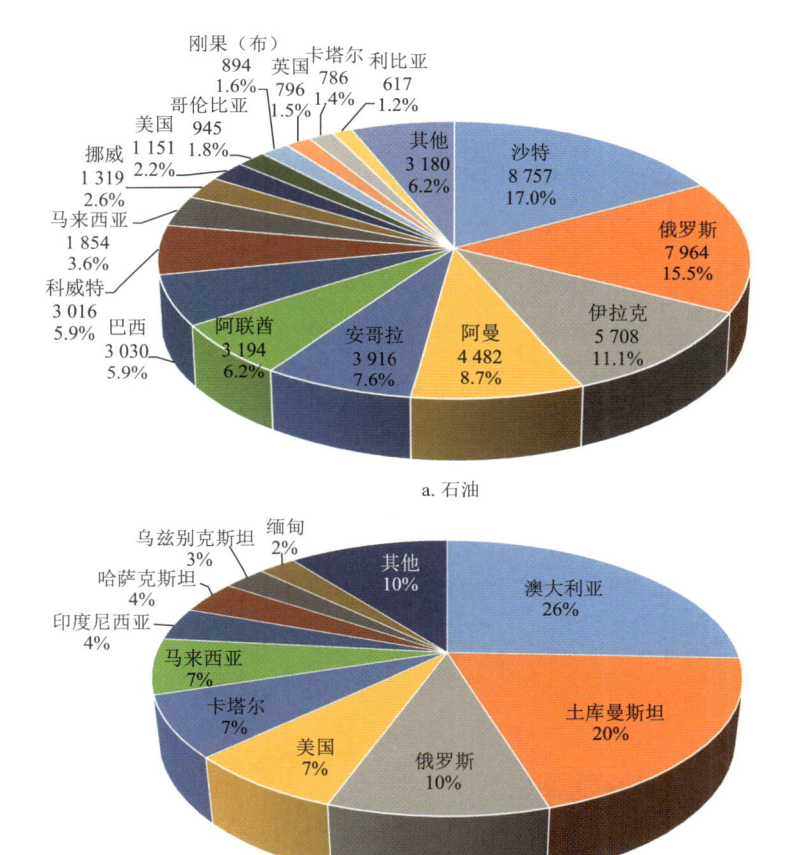

图 4-4 2021 年我国石油与天然气进口份额

2021 年，我国天然气产量 2 076 亿立方米，同比增长 7.8%；进口天然气 1 680 亿立方米，同比增长 19.9%，对外依存度 42.6%。其中，从澳大利亚、土库曼斯坦、俄罗斯、美国、卡塔尔及马来西亚六个国家的进口量合计 1 290 亿立方米，占比 77%（图 4-4）。从类型看，管道天然气进口量 591 亿立方米，同比增长 22.9%；进口量的56%来自土库曼斯坦，其次是俄罗斯（18%）、哈萨克斯坦（11%）、乌兹别克斯坦（8%）、缅甸（7%）。液化天然气（LNG）进口量1 089亿立方米，同比增长18.3%；澳大利亚进口量430亿立方米，占比39.4%；美国超越卡塔尔成为我国第二大LNG进口来源国，进口量124亿立方米，占比11.4%，其他依次为卡塔尔（11%）、马来西亚（10%）、印度尼西亚（6%）和俄罗斯（6%）。

随着中国经济稳定快速增长，石油净进口量从2014年的3.08亿吨增长至2021年的4.61亿吨，石油对外依存度由2014年的59.3%增长至2018年的72.1%，2023年可能达78.0%；天然气净进口量由2014年的570.3亿立方米增长至2021年的2 076亿立方米，对外依存度由30.5%增长至42.6%，且未来可能快速增长。"一带一路"沿线是我国石油和天然气进口的主要来源地，中阿拉伯、西西伯利亚盆地、扎格罗斯油气区拥有高剩余油气储量，是我国未来加强合作开发的重要区域。

4. 评估了我国企业在"一带一路"油气资源份额与合作风险

随着"一带一路"建设的不断推进，中国企业与沿线的油气合作步入高速、高质量发展阶段。中国石油、中国石化、中国海油和陕西延长石油等多家企业在"一带一路"沿线进行油气勘查开发。2012年，我国企业在"一带一路"油气总权益储量为15.7亿吨，总权益产量为0.9亿吨，分别相当于当年国内剩余探明可采储量的28.5%、当年国内产量的31.1%。2014年，我国企业在"一带一路"沿线的油气权益产量分别为5 255万吨和194亿立方米，分别占油气权益总产量的49%和60%。在地域上，我国企业权益储量与产量主要集中在中东、中亚地区。中东地区的油气权益储量（5.55亿吨）占"一带一路"沿线的35.4%，油气权益产量（0.24亿吨）占26.6%；中亚地区的油气权益储量占31.5%，油气权益产量占29.7%；亚太地区的油气权益储量占26.2%，油气权益产量占 38.8%。截至 2016 年底，中国石油已在"一带一路"沿线 19 个国家投资 50 个项目，累计投资占海外总投资的 3/5 以上；油气权益产量近 6 000 万吨，约占公司海外权益总产量的 78%；海外千万吨级大型油气田项目的 75% 位于"一带一路"。截至 2016 年底，中国石化油气勘探开发领域涉及"一带一路"沿线 11 个国家，累计获得权益油产量 9 831.6 万吨，同时向"一带一路"沿线 22 个国家提供石油工程技术服务（金焕东等，2017；宋倩倩等，2018）。但从全球来看，我国企业石油和天然气总权益储量占全球剩余经济可采储量的占比极小，且未来石油供不应求的局势可能更趋明显，亟须加强与"一带一路"沿线国家的油气勘探开发合作，实现互利共赢。

"一带一路"沿线油气最丰富的中东、北非和中亚，是全球最动荡的地区，油气合作面临各种风险，包括国家政权的不平稳更迭、武装冲突、战争、民族和宗教矛盾以及极端势力、环境保护等因素（郭霄鹏、薛俭，2018）。根据各国政治和社会稳定程度、商业贸易环境以及外交关系等因素，对"一带一路"油气合作风险进行综合评估，结果表明，风险等级高的国家和地区包括叙利亚、也门、阿富汗、伊拉克、乌克兰；风险等级较高的国家包括越南、菲律宾；风险等级一般的国家和地区包括伊朗、埃及、缅甸、俄罗斯和中亚；风险等级较低的国家包括印度尼西亚、印度；风险等级低的国家包括沙特、马来西亚、泰国、阿曼。

我国推进"一带一路"油气勘探开发和贸易合作时，应充分考虑资源国的风险因素；同时打造油气资源国际多边合作机制，构建油气资源合作命运共同体和利益共同体，创造良好的国际环境，构建综合保障服务体系，规避投资风险，积极履行海外社会责任，提升我国企业的国际化经营能力、竞争能力和自我防范能力。

5. 研究了我国青藏地区油气形成与保存条件

我国青藏地区与中东和东南亚油气区毗邻，在青藏地区发育了以羌塘盆地为代表的大型中生代海相沉积盆地（措勤盆地、岗巴-定日盆地、比如盆地等）。这些海相盆地与中东、北非、中亚油气区具有相似的大地构造背景。我国油气和地质调查等部门对这些盆地开展了系统的油气地质调查与研究工作，完成了油气地质条件分析和资源潜力评价、战略选区工作。但恶劣的自然条件以及受大陆碰撞和高原隆升的影响，使得盆地结构构造、油气成藏条件和富集规律复杂，成为该地区油气资源评价和勘探面临的主要问题。

通过对青藏地区最有希望取得突破的羌塘盆地生烃条件、沉积埋藏过程、构造变形、隆升剥蚀作用及其与盆地油气形成、保存关系的研究，对盆地油气地质条件、保存条件和有利远景区获得了新的认识。通过对羌科-1井资料的分析，结合石油地质调查，确定了盆地主力烃源层的分布、时代和特点，提出盆地发育多套烃源岩，其中主要烃源岩包括上三叠统肖茶卡组（或同期异相的巴贡组、土门格拉组）黑色泥页岩及泥灰岩、下侏罗统曲色组灰黑色泥页岩。时代、层位等分析表明，古地理对盆地主力烃源岩发育具有显著的控制作用，早侏罗世托尔期全球缺氧事件和晚三叠世全球润湿气候事件是控制盆地主力烃源岩的主要因素。盆地沉积埋藏史恢复表明，羌塘盆地中生代的演化可分为两个阶段。晚三叠世-早侏罗世北羌塘盆地受羌塘与松潘-甘孜碰撞的影响，其沉降动力为金沙江造山楔的增生和构造侵位，南羌塘盆地主要受南、北羌塘碰撞影响，其沉降动力为中央隆起带的增生和南羌塘岩石圈的向北俯冲，该俯冲过程中洋壳的断离导致了北羌塘盆地的岩浆作用。中侏罗世，北羌塘变为内陆盆地，沉降动力为盆地两侧的构造载荷以及中特提斯洋低角度俯冲造成的动力沉降。白垩纪时期拉萨-羌塘的碰撞导致羌塘盆地沉降终止，羌塘盆地开始出现地壳加厚和快速剥露。

通过开展构造变形、油气生成和高原隆升的研究，对构造改造和成藏保存提出新认识。晚侏罗世-早白垩世时由于盆地接受侏罗系巨厚沉积，盆地埋深达到最大，盆地进入第一次油气生成期，上三叠统、中侏罗统烃源岩进入生烃门限，生成未成熟-低成熟油，同时盆地岩性储层、同构造圈闭为盆地提供了良好的空间，早期油气藏形成。早白垩世末，由于羌塘-拉萨地体碰撞造山作用，盆地大型圈闭构造在此构造事件中基本定型，大型圈闭与油气生成基本同期，并奠定了盆地基本构造格局；同时，由于构造事件引起的隆升作用导致盆地产生抬升剥蚀，致使第一次生油过程停滞。新生代早期印度-亚欧板块碰撞造山作用，羌塘盆地遭受变形和隆升改造，变形主要导致古油藏破坏暴露地表。根据盆地改造强度、抬升剥蚀强度与目的层保存特点，结合盆地油气地质条件，对盆地油气有利构造保存区做出初步预测，预测出四个油气有利区。

针对我国岗巴-定日盆地白垩纪中期 C/T 界线海相地层有机碳含量显著低于西特提斯构造域的问题，通过与北非地区对比，提出西特提斯域有机质富集阶段与高水位体系域相对应。受区域构造作用形成的地堑半地堑系统为有机质提供良好的保存条件，较高生产力主要以海侵作为驱动力，将沿岸富营养水体携带至前非洲海槽以及上升流导致的生产力是烃源岩富集的主要原因。藏南地区属于无障壁洋盆，缺乏上升流以及受气候影响下的碎屑物输入相态共同制约了藏南地区生产力和氧化还原水平，导致 C/T 界线地层内有机碳（TOC）含量偏低。

结合对青藏地区油气地质条件的新认识以及已有研究对羌塘盆地资源潜力的评估（油气远景资源量可达 50 亿~100 亿吨）（王成善等，2001；王剑等，2009），认为羌塘盆地具有形成大型油气田的物质基础和成藏、保存条件，具有良好的油气远景，其中盆地北羌塘坳陷的中西部为油气保存有利区，上三叠统巴贡组-波里拉组、中侏罗统布曲组为主要目的层系。

四、价值与意义

加强与"一带一路"沿线国家之间的油气合作是"一带一路"建设的内容之一，对保障我国能源安全、优化能源结构、推动能源转型具有重要的意义。本研究以特提斯域典型盆地油气地质条件为基础，通过油气资源数据库建设以及 9 个时间断面（250Ma、237Ma、225Ma、195Ma、166Ma、150Ma、130Ma、90Ma、53Ma）岩相和气候古地理格局恢复与重建，对特提斯域古地理、古海洋、古气候与油气地质条件的关系和控制开展分析，对泛第三极地区大型含油气盆地油气形成条件、构造背景、油气形成规律和资源分布规律进行了系统总结，探讨油气资源形成与分布的主控因素。同时，对于油气资源分布、资源量、贸易量、开发趋势以及合作风险进行评价，对我国国内特提斯域含油气盆地评价、海外投资风险分析，研究成果对认识特提斯域油气资源分布规律以及推动"一带一路"油气资源合作具有借鉴意义。研究成果被中国地质调查局、中石油勘探开发研究院、中石化勘探开发研究院等单位运用，并取得良好效果。

本研究对于西藏地区羌塘盆地油气形成与保存条件的认识，得到国内相关部门的关注和重视，推动了新一轮西藏地区油气勘查和评价工作；提交的《羌塘盆地油气科学考察与评价 2022—2031 年发展规划》《羌塘盆地油气科学考察与评价 2022—2025 年工作方案》等建议得到高度重视并获得多次批示，为推动新一轮西藏油气科考与评价提供了依据。

参 考 文 献

国家能源局石油天然气司、国务院发展研究中心资源与环境政策研究所、自然资源部油气资源战略研究中心：《中国天然气发展报告（2022）》，石油工业出版社，2022年。

郭霄鹏、薛俭："'一带一路'背景下我国油气资源国际合作安全风险分析"，《中国经贸导刊》，2018年第5期。

金焕东、孙依敏、朱颖超："中国石油企业'一带一路'对外合作面临的机遇与挑战"，《国际石油经济》，2017年第8期。

宋倩倩、李雪静、熊杰等："基于全球能源格局调整和'一带一路'战略背景下的油气合作研究"，《中外能源》，2018年第3期。

王成善、伊海生、李勇等：《西藏羌塘盆地地质演化与油气远景评价》，地质出版社，2001年。

王剑、丁俊、王成善等：《青藏高原油气资源战略选区调查与评价》，地质出版社，2009年。

英国石油公司：《BP世界能源统计年鉴（2021年版）》，2021-07-18，https://www.bp.com.cn/content/dam/bp/country-sites/zh_cn/china/home/reports/statistical-review-of-world-energy/2021/BP_Stats_2021.pdf。

地震风险评价

一、成果背景

泛第三极地区位于特提斯构造域大陆板块汇聚的中部位置，其所导致的变形带东西走向长达上万千米，且沿着走向变形带向大陆内部扩展宽度可达数百至上千千米。在时间上，尽管印度板块、阿拉伯板块、非洲板块与亚欧大陆碰撞具有明显的穿时性，但该构造带岩石圈强烈变形至今仍在发生，使其成为除环太平洋地震带外地球上大陆内部强地震最活跃的地区，造成的人员伤亡和财产损失不计其数。该全球尺度的巨型活动构造带在地理位置上几乎覆盖了从欧洲到亚洲的整个中部地区，是"一带一路"的核心区域。该地区不仅人口稠密，同时也是世界上化石能源主要生产区，更是"一带一路"重要国际走廊沿线地区。因此，开展阿尔卑斯-小亚细亚-扎格罗斯-帕米尔-喜马拉雅山-苏门答腊一线的地球科学研究，不仅对认识地球系统科学多个领域具有重大理论意义，同时为推进"一带一路"建设有重大实际意义。

在沿着阿尔卑斯-小亚细亚-扎格罗斯-帕米尔-喜马拉雅山-苏

---

* 主要完成人：高战武、刘志成、徐伟、罗浩、程理，中国地震灾害防御中心；丁林，中国科学院青藏高原研究所。

门答腊一线，由于其两侧板块相互作用时代相对新，各类地质作用现象保存完好。由于在仪器记录时代该变形带发生了大量灾难性地震，如1999年伊兹米特（Izmit）7.6级地震、1990年伊朗7.7级地震、2005年克什米尔7.6级地震、2015年廓尔喀（Gorkha）7.8级地震等，近半个世纪以来地球科学家对该构造带的探索从未中断。在印度-亚欧大陆碰撞过程中，尽管喜马拉雅造山带仅吸收了大致50%的印度-亚欧大陆汇聚应变，它如同整个阿尔卑斯-小亚细亚-扎格罗斯-帕米尔-喜马拉雅山-苏门答腊构造带一样，在其周缘的活动断层上却孕育了大量的大陆内部强地震，如1897年阿萨姆（Assam）8.0级地震、1934年比哈尔（Bihar）8.0级地震、1950年墨脱8.6级地震、2005年克什米尔7.6级地震和2015年廓尔喀7.8级地震等（Bilham，2004；Bilham et al.，2001；Ambraseys and Jackson，2003；Rajendran et al.，2015）。2013年9月24日，巴基斯坦西南部发生了7.7级地震，该地震破裂穿破地表，造成数百栋房屋倒塌，300余人死亡（Bai et al.，2015）。世界屋脊喜马拉雅山的周边分布着稠密的人口，这些强地震给南亚地区人民的生命和财产带来无数灾难，因此吸引了国际地震学界长期关注。据统计，1900年以来，泛第三极地区发生单次死亡1 000人以上的地震超过120次，累计死亡人数超过150万人（图5-1）。

二、主要内容与创新之处

课题组基于大量的实地调研和深入研究，编制了泛第三极地区的地震构造图和地震动参数分布图，并分区域对其地震活动和地震灾害情况进行深入探析。

1. 东亚地区

东亚地区位于亚欧板块东南部，夹持于印度板块、太平洋板块

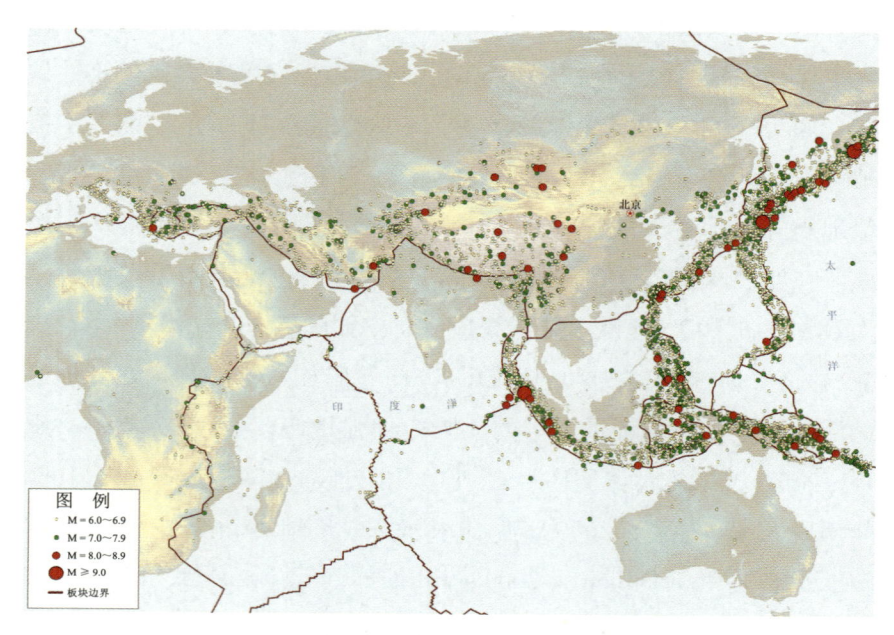

图 5-1 1900 年以来泛第三极地区地震震中分布

与菲律宾海板块之间，地震活动的强度与频度在不同地区差异较大。受太平洋板块与亚欧板块俯冲碰撞影响最强烈的千岛群岛、日本群岛、琉球群岛、中国台湾、菲律宾一线地震活动强烈，是著名的环太平洋地震带的西段，仅 1900 年以来就发生了 20 余次 8.0 级以上大地震。其中，1923 年日本关东发生 7.9 级地震，死亡 14 万余人；2011 年日本东海发生 9.0 级地震并引发强烈海啸，造成近 3.2 万人伤亡或失踪，并导致福岛第一核电站核泄漏。

在东亚大陆内部，以中国华北地区地震活动和地震灾害最强，历史上发生过 6 次 8.0 级以上地震，1900 年以来发生了 5 次 7.0 级以上地震；1976 年唐山发生 7.8 级地震，死亡 24 万余人。华南地区，大地震主要发生在东南沿海地区，历史上虽有 7.0 级以上地震发生，但频度相对较低。在东北地区，一般只有 6.0 级左右的地震发生。在朝鲜半岛、俄罗斯远东及蒙古东部地区，仅在贝加尔裂谷与切尔斯基山脉一带有 7.0 级左右地震活动，其他地区地震活动较弱。蒙古西部的地震主要沿阿尔泰山、杭爱山发生，是亚洲中部一个非常活跃的地震带，发生过 4 次 8.0 级左右地震。

2. 东南亚地区

东南亚地区的地震活动主要受澳大利亚板块与亚欧板块、菲律宾板块等俯冲碰撞的控制，强震主要发生中南半岛西北部、大巽他群岛南部、菲律宾群岛等地。

中南半岛东部及南部地震活动相对较弱，强震活动主要集中在缅甸、泰国西部及北部、老挝西北部等地区，其中以缅甸最为突出（图5-2）。缅甸境内活动断裂发育，地震活动频繁且强度大。最著名的实皆断裂呈近南北向穿过缅甸中部，在过去一百年，约有一半的断裂发生了地表破裂型地震。如南部的勃固段及骠国段在 1930 年分别发生了 7.2 级和 7.3 级地震，中部的实皆段在 1946 年及 1956 年分别发生了 7.6 级和 7.1 级地震，北部的印多段及莫冈段也发生过 1946 年 7.3 级和 1931 年 7.0 级地震。位于掸邦高原西部的教前断裂，曾发生过 1912 年 8.0 级地震，该地震为缅甸历史上最大的地震之一。泰国强震活动较缅甸弱，主要发生在西部及北部与缅甸、老挝交界部位附近，如 2014 年 5 月泰国清莱省湄老地区发生了 6.3 级地震，此次地震是泰国有仪器记录以来发生的最大地震。在这次地震前的 30 年中，泰国境内只发生过 9 次震级大于 5.0 级的地震，如 1975 年在泰国西北部近南北走向的夜丰颂断裂上发生了 5.6 级地震。老挝强震主要发生在西北部与中国、缅甸及泰国交界附近，如 2019 年及 2021 年都发生了 6.0 级地震。

大巽他群岛南部为澳大利亚板块俯冲亚欧板块形成的巽他巨型俯冲带。俯冲带以产生破坏性最强的地震而闻名。然而，地震活动分布并不均匀，它以一种非常独特的方式反映了俯冲带的内部结构

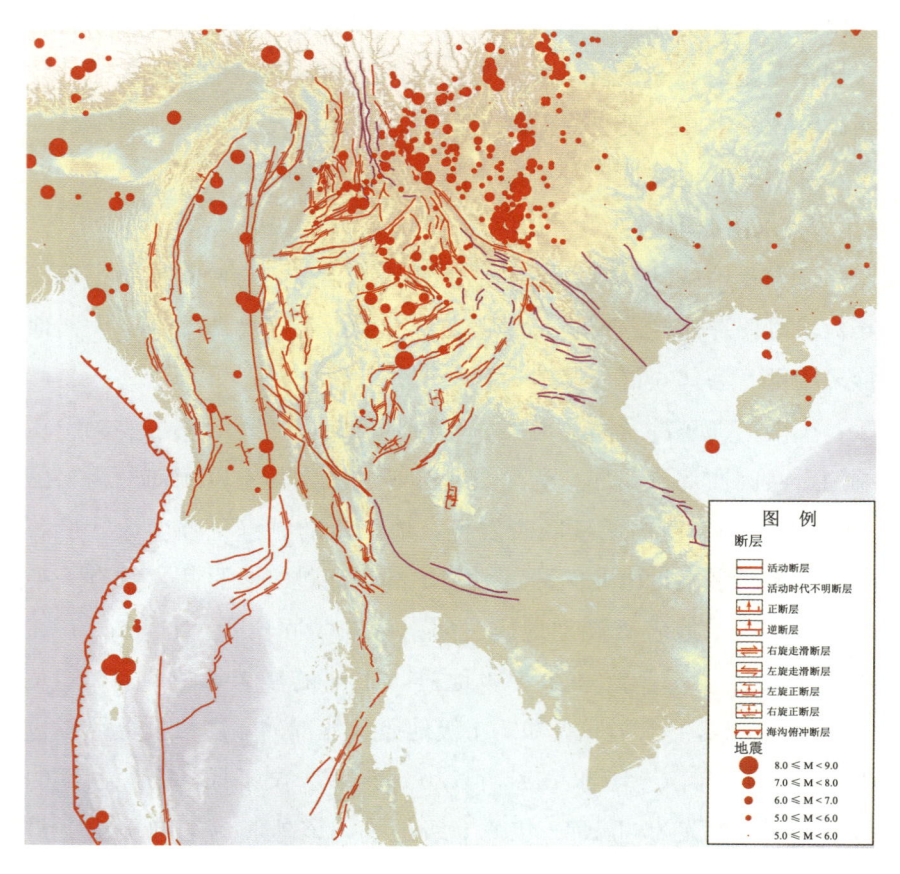

图 5-2　东南亚地震构造

和动力机制。沿巽他俯冲，8.0 级以上强震多集中在苏门答腊岛附近。2004 年在苏门答腊岛附近海域发生了 9.1 级地震，此次地震及其引发的海啸造成印度洋沿岸国家公众生命和财产的重大损失，近 30 万人罹难，50 多万人无家可归，是现代史上最严重的自然灾害之一。沿俯冲带向东，爪哇岛近海段显示出与苏门答腊岛段完全不同的地震活动模式，地震活动强度较低，历史上该部分的最大地震震级不超过 8.0 级。

菲律宾群岛东部为菲律宾板块与亚欧板块的俯冲边界，中部发育近南北走向的菲律宾断裂。菲律宾断裂一直处于活动状态，近两个世纪以来，发生过多次7.0级以上的地震。1990年吕宋中部7.8级地震是破坏性最强的地震。菲律宾断裂沿线最近发生的地表破裂型地震包括1973年拉盖湾7.0级地震和2003年马斯巴特6.2级地震。

3. 南亚及青藏高原地区

印度板块和亚欧大陆的碰撞在造就广阔宏伟的青藏高原的同时，也导致高原周边及内部大震频发。印度板块与亚欧板块的边界在西段表现为近南北走向的苏莱曼山脉，中段表现为喜马拉雅山脉，东段表现为印缅山脉，这些山脉的山麓地带是地球上地震最危险的地区。

苏莱曼山脉位于巴基斯坦中南部，沿其东麓发育有查曼断裂带，这是一分割亚欧板块和印度板块的大型左旋走滑断裂系，近南北向展布，蜿蜒上千千米，由多条走向一致的左旋走滑断裂构成。沿查曼断裂带历史上发生过1935年奎达7.6级地震、1945年俾路支斯坦8.1级地震和2013年俾路支斯坦7.8级地震，其中，1935年奎达7.6级地震造成了约6万人的死亡，1945年俾路支斯坦8.1级地震在阿拉伯海北部引发了海啸。

绵延2 500千米的喜马拉雅山是世界上整体海拔最高的山脉。喜马拉雅山作为新生代印度板块和亚欧板块陆陆碰撞作用的结果以及板块汇聚的主要变形带，在其南麓产生了3条和喜马拉雅山脉平行的逆冲断裂（图5-3），最北侧的一条断裂为主中央断裂（MCT），它构成高喜马拉雅和低喜马拉雅的分界，北倾$30°\sim45°$。MCT的南侧为主边界断裂（MBT），构成低喜马拉雅和次喜马拉雅的边界，它由一系列北倾的逆冲断裂构成，MBT自中新世（距今约2 300万年）启动，滑动速率约为10毫米/年，喜马拉雅变质沉积岩沿MBT向南逆冲于前陆盆地之上。最南侧的一条为主前缘断裂（MFT），它构成地表能够看到的印度板块与青藏地块的分界，使得新生界的西瓦里克组逆冲到恒河平原第四纪沉积之上，其缩短速率可能占印度与亚欧板块汇聚速率的 20%～30%。

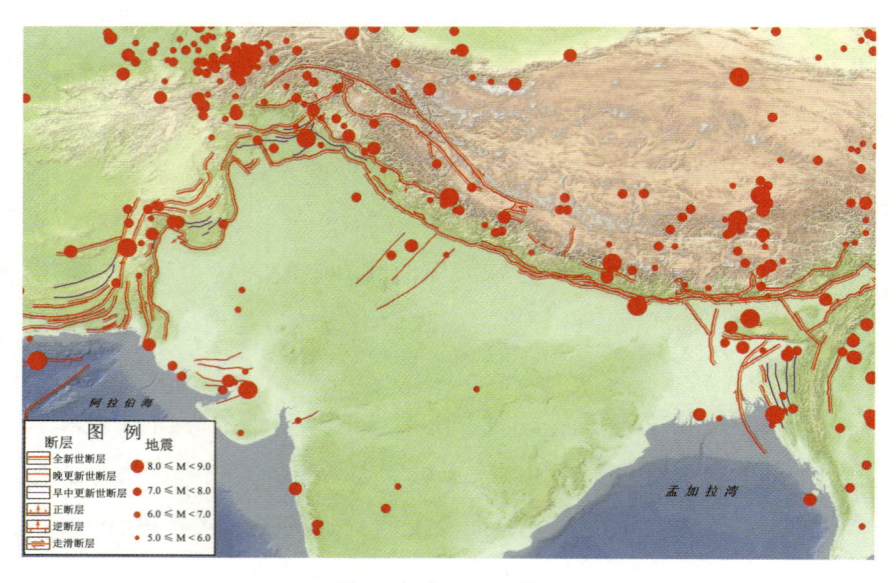

图 5-3 南亚地震构造

沿喜马拉雅山脉的南麓历史上发生过 10 次 8.0 级左右大地震，如 1505 年和 1934 年在尼泊尔分别发生 8.0 级左右地震，造成大量人员伤亡和财产损失。2005 年在克什米尔地区发生 7.6 级地震，造成至少 7 万人死亡。2015 年尼泊尔发生 8.1 级地震，造成近万人死亡，并使加德满都古建筑遭受重创。1950 年在中国藏东南地区发生 8.6 级地震，造成数千人死亡，同时导致雅鲁藏布江断流并引发洪水。此外，印度西部的古吉拉特邦地区由于靠近板块边界，2001 年发生 7.7 级地震，造成 2 万余人死亡，该地区 1819 年还发生过 8.0 级左右地震。

在青藏高原内部及周边地区，受大陆碰撞远程效应的影响，产生了大量的走滑断裂，在青藏高原南部还产生了6条近南北向的裂谷。沿这些构造带经常发生大地震，有时产生巨大灾害，如1920年宁夏海原发生8.5级地震，2008年四川汶川发生8.0级地震，分别造成20余万和近9万人死亡。

4. 中亚地区

受印度板块持续推挤的影响，中亚地区的地震活动具有明显的空间不均匀性，大地震主要发生在该地区东南部的兴都库什-帕米尔-喀喇昆仑山脉一带和西天山地区，其他地区地震活动较弱。

在哈萨克斯坦最大的城市阿拉木图附近，历史上发生过3次7.0级以上地震，其中1889年8.3级地震是该国历史上最大的地震。吉尔吉斯斯坦历史上发生7.0级以上地震4次，以1992年楚河7.5级地震为最大。塔吉克斯坦1900年以来发生过3次7.0级以上地震。乌兹别克斯坦1984年发生了加兹利7.0级地震，1966年发生了塔什干7.7级地震。在土库曼斯坦，大地震主要发生在其西南部的科佩特山脉带，曾发生过4次7.0级以上地震，其中1895年巴尔坎纳巴德8.2级地震是该国发生的最大地震。在阿富汗，大地震主要沿横穿其中部的恰曼断裂发生，历史上记录的7.0级以上地震多达20余次，其中2015年7.6级地震造成数百人死亡。在兴都库什一带还有深源地震活动。

5. 西亚地区

西亚被称为"五海三洲之地"，是联通东、西方的重要通道，也是古代丝绸之路的重要枢纽。阿拉伯板块、非洲板块、亚欧板块三者之间的扩散、转换、俯冲是西亚地震活动的动力来源，造就了红海裂谷、安纳托利亚高原、伊朗高原、莫克兰海沟等壮观的海陆地貌。在这些地貌边界上发育规模宏大的活动构造带，如北安纳托利亚断裂带、死海转换断裂带、东安纳托利亚断裂带、扎格罗斯-莫克兰构造带、高加索构造带、厄尔布尔士构造带、科佩特构造带等。地震活动主要围绕阿拉伯板块（半岛）周边发生，同时，安纳托利亚高原和伊朗高原内部也被大量的构造体系切割。伊朗高原和青藏高原分别代表了板块碰撞不同阶段的地形地貌和构造变形图像，伊朗高原可成为研究青藏高原甚至中国大陆的参照模型。

红海裂谷是非洲板块和阿拉伯板块之间的扩张中心，其北端附近的扩张速率约为 10 毫米/年，南端附近的扩张速率约为 16 毫米/年。沿扩展中心经常发生 6.0 级左右地震，同时，在沙特阿拉伯西部形成了一系列火山系统。死海是一个转换断层，调整非洲板块和阿拉伯板块之间的差异运动，沿其发生的地震对地中海东部产生重大影响，1759 年发生的 7.0 级以上地震造成近 2 万人死亡。塞浦路斯岛弧是非洲板块与安纳托利亚地块之间的汇聚边界，并向东与东安纳托利亚断裂带相连；沿塞浦路斯岛弧和东安纳托利亚断层带历史上发生过多次 7.0 级以上地震。

伊朗是一个文明与灾害并存的国度，拥有悠久文化历史，位于古代丝绸之路的必经之地。伊朗地震灾害频发，历史地震记载丰富，多个古城曾毁于地震活动。伊朗大陆经历了古特提斯、新特提斯、新生代板块汇聚等重要构造演化阶段，阿拉伯板块与亚欧板块持续汇聚最终奠定了伊朗现今的地质地貌格架，塑造了周缘被山脉围限、内部被断裂切割的伊朗高原。板块汇聚的动力学背景下，伊朗活动构造广泛发育，地震活动强烈且频繁。伊朗高原北部和南部的边界山脉都是构造变形强烈的活动山系，高原内部发育一系列近南北向的走滑断裂（图 5-4）。

伊朗高原北部的厄尔布尔士构造带是伊朗大震活动最频繁的区域之一，沿山脉两麓和内部发育哈扎尔断裂、鲁德巴尔断裂、德黑兰北断裂带、沙赫鲁德断裂系，主要活动断裂都有强震-大震活动的记载。公元 856 年，达姆甘 7.8 级地震被认为是伊朗有史以来死亡人数最多的地震事件，死亡人数可能达到 20 万人。德黑兰及其

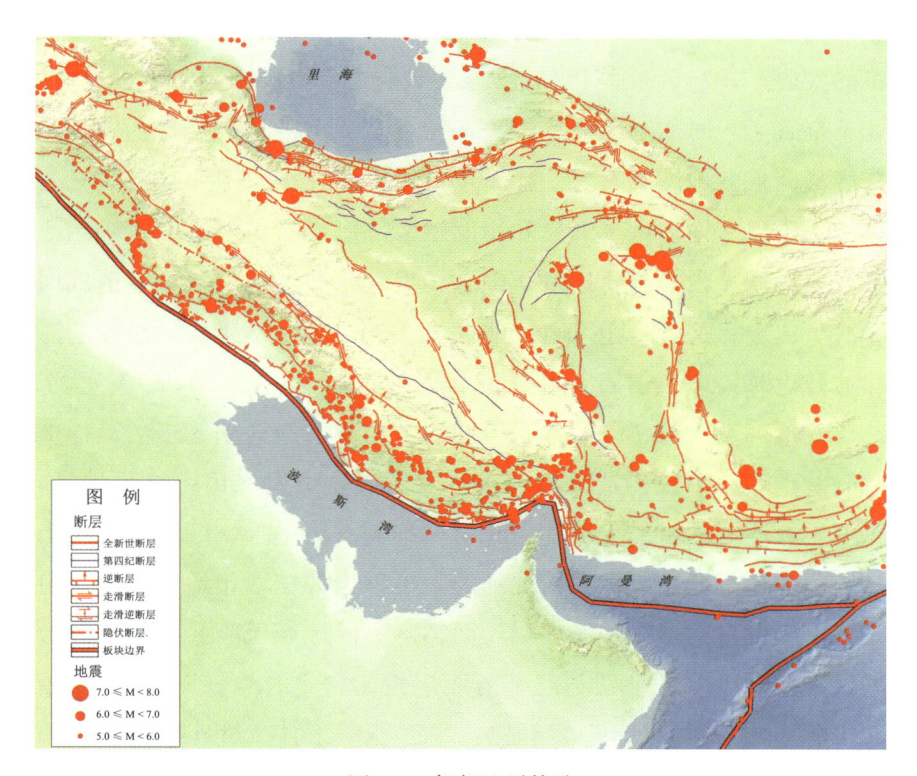

图 5-4　伊朗地震构造

周边地区经历了公元前 312—前 280 年、公元 855—856 年、958 年、1177 年、1830 年等地震事件。19 世纪末以来，厄尔布尔士构造区记录了至少 3 次大震活动，最大地震为 1990 年鲁德巴尔 7.3 级地震，造成了数万人伤亡。

伊朗西南部的扎格罗斯山脉是阿拉伯板块与亚欧板块碰撞形成的年轻造山带，以丰富的油气资源和壮观的褶皱变形而闻名于世。由于阿拉伯板块的持续推挤，扎格罗斯构造区是伊朗地震活动最活跃的区域，发育扎格罗斯逆断系和扎格罗斯主近走滑断裂。

伊朗中部和东部地区为盆岭相间地貌，以大规模走滑变形为特征，逆断裂在走滑断裂端部或平行走滑断裂发育，包括多鲁内断裂、锡斯坦断裂带、高克断裂等。1990年以来发生过5次大于7.0级的大震；1978年在塔巴斯逆断-褶皱构造带上发生了7.3级地震，几乎摧毁了当时的塔巴斯城市。2003年巴姆6.6级地震是伊朗地区破坏最严重的地震灾害之一，千年古城巴姆几乎毁于一旦。莫克兰海沟位于巴基斯坦南部海岸和伊朗东南部海岸，是阿拉伯板块与亚欧板块的俯冲带，与扎格罗斯山脉相接。俯冲带地震活动会造成海啸次生灾害；1945年在莫克兰俯冲带发生了8.1级地震，诱发的海啸波及巴基斯坦、伊朗、阿曼和印度等国家，造成4 000多人死亡。

受地形及气候条件制约，伊朗的主要城市通常坐落于活动构造控制的山麓地带或构造盆地，一旦发生破裂引发城市直下型地震，将会导致不可估量的人员伤亡和财产损失。历史上，厄尔布尔士山脉南麓的多个城市、伊朗西北部的大不里士都曾毁于地震活动；由于多沿旧址重建，这些城市仍然面临巨大的地震风险。德黑兰地区的巨大地震风险是一颗随时都可能爆发的"定时炸弹"，莫克兰俯冲带的地震-海啸风险需要引起各国重视，并有针对性地开展长期监测和研究。莫克兰俯冲带西段正处于闭锁状态，未来可能发生≥8.0级地震，诱发的海啸会严重威胁阿拉伯海的沿岸国家。

6. 地中海地区

地中海地区地震活动的主要动力来源于非洲板块与亚欧板块的碰撞汇聚。这一地区地震活动最频繁、强度最大的地方是希腊、土耳其和意大利三个国家。

希腊的地震活动主要受位于希腊南部的希腊俯冲带控制。发生于1903年的凯瑟拉8.2级地震和1926年罗德岛7.8级地震，是1900年以来地中海周边最大的2次地震，它们都与希腊俯冲带有关。

土耳其的地震活动主要沿其西北部的北安纳托利亚断裂带发生。1939—1999年，沿北安纳托利亚断裂带发生了7次破坏性的大地震。1999年，在北安纳托利亚断裂带西端的伊兹米特发生的7.6级地震，袭击了土耳其人口最稠密、工业化程度最高的城市之一，造成1.7万人死亡。

意大利的地震活动主要位于亚平宁半岛中南部，受卡拉布里亚俯冲带控制。1908年发生了梅西纳7.2级地震，严重的地面震动和当地海啸的结合造成近10万人死亡。

在地中海南岸，沿非洲大陆北缘的地震活动率相对较低，但从西地中海的摩洛哥到东地中海的死海，历史上均有破坏性地震发生。1980年阿斯南7.3级地震是20世纪非洲最大的和最具破坏性的地震之一。在非洲大陆内部，东非裂谷一带也是7.0级以上地震频繁发生的地方。

三、价值与意义

课题组近20年来对泛第三极地区的地震研究取得了重大进展。尽管前人在板块相互作用的深部结构构造、重要活动断层的地震学行为、典型地震的发震机理等方面均取得了较大进展，但泛第三极地区地域广大且大量地区因地理、人文等因素难以开展野外观测，使一些关键核心地区迄今存在巨大的研究空白。因此，我们难以理解板块相互作用之深部结构的空间变化，难以评价整个泛第三极地区在宏观上潜在地震的危险性。本研究基于这一现状，结合前人研究进展，通过对一些关键部位深部结构构造探测、GNSS现今变形测量和关键震例深入剖析，在编制地震构造图和地震峰值加速图概率图基础上，刻画泛第三极地区深部过程及其对浅部地震活动性及潜在灾害的控制。课题组重点关注新特提斯构造域关键带深部结构构造对浅层地壳变形的研究，并首次系统编制了泛第三极地区的地震构造图和地震动加速度峰值分布图，为评估泛第三极地区潜在地震危险性及该地区重大基础工程的地震安全提供了重要基础资料。因此，研究成果在服务绿色丝绸之路建设、为"一带一路"沿线的重大工程提供安全评估等方面有重大意义。

参 考 文 献

Abers, G. A., McCaffrey, R. Active arc-continental collision: earthquake, gravity anomalies, and kinematics in Huon-Finisterre collision zone, Papua New Guinea. *Tectonics*, 1994, 13: 227-245.

Ambraseys, N. N., Melville, C. P. *A History of Persian Earthquakes*. Cambridge: Cambridge University Press. 1982.

Ambraseys, N., Jackson, D. A note on early earthquakes in northern India and southern Tibet. *Current Science*, 2003, 84: 571-582.

Bai, L., Zhang, T. Complex deformation pattern of the Pamir-Hindu Kush region inferred from multi-scale double-difference earthquake relocations. *Tectonophysics*, 2015, 638 (1): 177-184. DOI: 10.1016/j.tecto.2014.11.006.

Berberian, M. *Earthquakes and Coseismic Surface Faulting on the Iranian Plateau: A Historical, Social, and Physical Approach*. Amsterdam: Elsevier. 2014.

Bilham, R. Earthquakes in India and the Himalaya: tectonics geodesy and history. *Annales Geophysicae*, 2004, 47: 839-858.

Bilham, R., Gaur, V. K., Molnar, P. Himalayan seismic hazard. *Science*, 2001, 293: 1442-1444.

Cattin, R., Chamot-Rooke, N., Pubellier, M., et al. Stress change and effective friction coefficient along the Sumatra-Andaman-Sagaing fault system after the 26 December 2004 (Mw = 9.2) and the 28 March 2005 (Mw = 8.7) earthquakes. *Geochemistry, Geophysics, Geosystems*, 2009, 10 (3). DOI: 10.1029/2008gc002167.

Chu, D., Gordon, R. G. Current plate motions across the Red Sea. *Geophysical Journal International*, 1998, 135: 313-328.

Feldl, N., Bilham, R. Great Himalayan earthquake and the Tibetan plateau. *Nature*, 2006, 444: 167-170.

Kaneda, H., Nakata, T., Tsutsumi, H. Surface rupture of the 2005 Kashmir, Pakistan, earthquake and its active tectonic implications. *Bulletin of the Seismological Society of America*, 2008, 98 (2): 521-557.

Kayal, J. R. Microearthquake Seismology and Seismotectonics of South

Asia. 2008.

Nakata, T. Active faults of the Himalaya of India and Nepal. *Special Paper Geological Society of America*, 1989, 232: 243-264.

Perez, J. S., Tsutsumi, H. Tectonic geomorphology and paleoseismology of the Surigao segment of the Philippine fault in northeastern Mindanao Island, Philippines. *Tectonophysics*, 2017, 699: 244-257. DOI: 10.1016/j.tecto.2017.02.001.

Rajendran, C. P., John, B., Rajendran, K. Medieval pulse of great earthquakes in the central Himalaya: viewing past activities on the frontal thrust. *Journal of Geophysical Research: Solid Earth*, 2015, 120: 1623-1641.

Shulgin, A. Subduction zone segmentation along the Sunda Margin, Indonesia. 2012.

Ul-Hadi, S., Khan, S. D., Owen, L. A., et al. Geomorphic response to an active transpressive regime: a case study along the Chaman strike-slip fault, western Pakistan. *Earth Surface Processes & Landforms*, 2013, 38 (3): 250-264.

Wang, Y. Earthquake Geology of Myanmar. California Institute of Technology, Pasadena, California, 2013.

Wiwegwin, W., Hisada, K., Charusiri, P., et al. Paleoearthquake investigations of the Mae Hong Son fault, Mae Hong Son Region, Northern Thailand. *Journal of Earthquake and Tsunami*, 2014, 8 (2): 1450007. DOI: 10.1142/s1793431114500079.

Yeats, R. *Active Faults of the World*. Cambridge University Press, 2006.

国家地震局震害防御司:《中国历史强震目录(公元前23世纪—公元1911)》,地震出版社,1995年。

刘静、纪晨、张金玉等:"2015年4月25日尼泊尔Mw7.8地震的孕震构造背景和特征",《科学通报》,2015年第70期。

宋治平、张国民、刘杰等:《全球地震目录(9999BC—1963AD, M≥5.0; 1964AD—2010AD, M≥6.0)》,地震出版社,2011年。

王卫民、郝金来、何建坤等:"2013年巴基斯坦俾路支Mw7.7地震震源过程研究",《地球物理学报》,2018年第3期。

杨晓平、吴果、陈立春等:"青藏高原南缘2015年尼泊尔Mw7.8地震发震构造",《地球物理学报》,2016年第7期。

中国地震局国际合作司:《"一带一路"地震安全报告》,地震出版社,2018年。

中国地震局震害防御司:《中国近代地震目录(公元1912年—1990年, Ms≥4.7)》,中国科学技术出版社,1999年。

灾害风险综合评估[*]

一、成果背景

由于"一带一路"沿线地区的区域发展相对落后,观测站点稀疏,可用于灾害风险评估的数据存在时空连续性差、粒度粗、口径单一等"短板",导致现有灾害风险评估数据尺度过粗(国家、行政区划或 0.5°～1°网格单元尺度),难以有效满足高质量共建"一带一路"对不同尺度、不同类型项目(港口、输油/输气管道、铁路、公路、工业园区等)的科学布局与空间选址的需求。同时,随着全球气候变暖趋势进一步加剧,沿线地区极端气候事件及地质灾害事件多发,且呈现逐渐增强趋势,不仅给沿线国家的人民生活、社会经济发展和生态环境带来极大影响,而且成为"一带一路"倡议基础设施共建面临的重大挑战。因此,对沿线地区尤其是六大经济走廊和关键节点区域开展气候及地质灾害等综合风险评价,为共建"一带一路"重大项目的科学选址,如港口、工业园、重大工程等,最大限度地降低灾害损失提供决策支撑。同时,综合风险评估

---

* 主要完成人:葛咏,中国科学院地理科学与资源研究所;李强子、张源,中国科学院空天信息创新研究院;凌峰,中国科学院精密测量科学与技术创新研究院;姚永慧、任周鹏、刘庆生,中国科学院地理科学与资源研究所;董文,中国科学院空天信息创新研究院;吴骅,中国科学院地理科学与资源研究所;李毅,中国科学院空天信息创新研究院。

数据与风险评估图可满足政府、投资方、企业等不同利益相关方从宏观到微观的不同决策需求,并通过提供更有针对性的应对策略、区域灾害防治信息服务等,提高风险管理水平。

二、主要内容

围绕多尺度极端气候事件和滑坡泥石流灾害风险评估的重大需求,项目组创建了覆盖"一带一路"沿线地区、六大经济走廊、34 个关键节点(包括 4 个典型节点)的多尺度综合风险评估数据库,涵盖环境本底数据(人口、地表温度、土地覆盖、植被指数等)、专题数据(滑坡泥石流、风暴潮、高温热浪、极端降水、极端干旱)以及无人机航拍影像等共计 4TB;突破了精细尺度致灾因子危险性、承灾体暴露度、孕灾环境脆弱性评估指标的生成技术,建立了综合风险评估技术体系,完成了千米、百米和十米尺度的综合风险评估工作,揭示了沿线地区、六大经济走廊、关键节点区域气候风险、滑坡泥石流等风险的空间分布、发展趋势、主要影响因素,为深入理解沿线地区各种潜在灾害风险并采取有效应对途径提供了可能,也为沿线国家的重大工程建设规划与运营管理、环境问题应急与防治提供科学依据和对策建议。

1. 创建了沿线区域多尺度综合风险评估数据库(4TB)

为解决沿线地区、六大经济走廊及 34 个关键节点区域环境本底数据时空分辨率不足和连续性不足的问题,项目提出和发展了一系列针对不同目标的数据分析与信息提取新方法,时空多尺度数据融合、超分辨率制图方法,以及基于地统计方法的空间降尺度模型和方法,时空滤波插值、遥感产品无效区域重建技术方法等,收集、整理、再分析和再生产了相关风险评估要素的多尺度数据集,包括:① "一带一路"沿线地区、六大经济走廊、34 个关键节点区域的环境本底数据集，涵盖地形、土地利用、水文、气候、人口、社会经济等数据以及多时序多源遥感数据、无人机航拍数据等；②综合风险专题数据集，涵盖历史极端气候风险空间分布及滑坡泥石流灾害分布数据集（灾害点编目 11 753 条）；③气候变化趋势分析数据集，涵盖从 20 世纪 90 年代以来的气温及降水数据，沿线区域过去 40 年来气温波动上升，降水增加，未来气候变化情景分析结果数据等；④多尺度风险评估数据集，包括各类极端气候风险（千米、百米和十米数据集）、滑坡泥石流风险评估结果数据集。

2. 建立了多尺度单灾种极端气候风险评估技术体系

项目采用联合国政府间气候变化专门委员会等权威机构广泛使用的危险性-暴露度-脆弱性灾害风险评估框架，通过分析极端干旱、极端降水、高温热浪、风暴潮四类极端气候事件的致灾因子（如大尺度的全球气候变暖和小尺度的局部强对流天气）、强度和效应（如大尺度的极端干旱和小尺度的强降水）在千米、百米和十米三个尺度的典型特点，分别建立相应的风险评估指标体系，分别在千米、百米和十米三个代表性尺度开展评估工作，完成了沿线地区、34 个关键节点区域、4 个典型节点精细尺度的风险评估。评估结果表明：①沿线地区的风暴潮灾害风险主要集中在中国东南沿海、孟加拉湾沿海和印度西部沿海地区。其中，高风险区集中在孟加拉湾湾口和中国广东周边。近 20 年，中高风险分布区域呈扩张趋势（高风险分布范围扩张约 7.8 倍，中风险分布范围扩张约 72%），且扩张速率加快，后十年扩张速率约为前十年的 20 倍。②沿线地区农业极端干旱灾害风险主要集中在中亚、南亚和西亚大部分地区，中亚地区农业干旱风险最高，南亚、西亚和东亚次之。中亚和南亚地区干旱风险偏高主要是由高暴露度和高危险性导致的，而西亚和东亚地区风险较高的原因在于暴露度高。沿线地区社会经济极端干旱灾害风险主要集中在亚洲东部和南部、非洲北部及欧洲的人口聚集区，南亚和东亚地区干旱风险较高的原因在于脆弱性、暴露度较高，西亚地区干旱风险较高的原因在于危险性、暴露度较高。③沿线地区极端降水风险主要集中在孟加拉国、中国的沿海地区以及东南亚的雅加达、万隆的周边区域；欧洲大部分区域极端降水风险较低，阿拉伯半岛，中国的青藏高原、新疆维吾尔自治区、内蒙古自治区，蒙古，以及北纬60°以上的地区风险极低。在未来气候变化情景下，印度、中国的沿海地区、孟加拉国以及东南亚的雅加达等地极端降水风险极高；青藏高原地区、蒙古以及欧洲的大部分区域极端降水风险较低；仰光、达卡、曼谷、吉大港等节点具有较高的极端降水风险，万象、华沙、安卡拉等节点的极端降水风险相对较小。④沿线的东南亚大陆、南亚、阿拉伯半岛大部分区域常年处于高温热浪极高风险区；中国的东部沿海区域、中亚南部、东欧及西亚大部分地区均处于高风险区；亚欧大陆北部、青藏高原地区、俄罗斯南部处于低风险区；俄罗斯北部为极低风险区。高温热浪风险等级有明显随纬度升高而降低的趋势，表现出明显的地带性规律，极端高温的地区多数位于热带沙漠气候带与热带季风气候带；地形和高程增加了高温热浪发生的非地带性。沿线地区高温热浪风险的发展趋势表现为稳定性升高的状态。单要素的极端气候风险评估更加清楚地反映了区域内部承灾体的空间细节，提升了灾害防范能力，支持了灾害风险的管理和应对。

3. 开发了融合极端降水事件的多尺度滑坡泥石流风险评估技术体系

项目针对重大滑坡泥石流灾害，分析了灾害动力过程的深度场、速度场和压力场，确定了表征滑坡泥石流致灾能力的综合危险性因子，揭示了灾害作用下构筑物破坏过程和动力响应机制，建立了基于灾害动力过程与构筑物承灾响应机制的灾害风险定量评估方法；针对廊道区段灾害的链生效应与叠加效应问题，分析了灾害复合成灾过程，创建了以山地成灾单元为基础的灾害风险定量评估方法，拓展了风险评估理论方法；考虑研究区孕灾条件与致灾特征，从成灾过程、暴露特性和结构功能影响等方面构建了山地灾害综合风险评价指标体系与评估方法。项目分析了山地灾害孕灾致灾特征，从六大经济走廊全域、国家尺度、灾点尺度评估自然灾害风险，实现了滑坡泥石流灾害风险多级别、精准化评估。

考虑滑坡泥石流孕育过程和成因机制的区域差异性，项目分析了六大经济走廊滑坡泥石流灾害点分布特征，针对特征区域的滑坡泥石流关键过程、关键因子及关键驱动力，构建了基于TRIGRS模型的潜在性滑坡判识模型和基于泥石流信息熵模型的暴雨型泥石流潜在判识模型。考虑气候变化导致的温度上升对永久冻土区活动层厚度的影响，结合研究区下垫面特性，基于无限边坡理论，构建了温度变化诱发滑坡灾害的区域预判模型；基于坡地水文过程分析与模型，结合无限边坡理论，构建了降水诱发滑坡的区域预判模型。项目开展了气候变化和地震活动背景下的滑坡危险性分区，完成了地震活动背景下中巴经济走廊重点研究区滑坡未来发展趋势分析，历史气温和未来气温变化情况下中蒙俄经济走廊重点研究区的滑坡灾害的历史变化情况与未来发展趋势分析，以及未来极端降水条件下孟中印缅经济走廊重点研究区滑坡未来发展趋势分析。基于多尺度极端降水风险评估数据和滑坡泥石流实地调查数据，项目提出了考虑气候变化情景的高空间分辨率的滑坡泥石流易发性预测技术，开展了六大经济走廊未来气候变化情景下滑坡泥石流风险评估。通过对中巴经济走廊中国段的区域尺度和典型流域的水文-泥石流过程的计算，在未来气候变化条件下泥石流的发生趋势将加剧。区域尺度上，随着降水和气温的进一步变化，同样的评价标准下，高危险流域数目将增加；流域尺度上，泥石流发生的临界条件将下降，降水和气温等激发条件的重现期将提高，预示着泥石流的发生频率将大幅增加。

4. 研发了基于灾害概率与灾损数学期望的综合风险评估方法

针对多灾种风险综合评估中存在的各类型极端气候事件风险评估各自为战，忽视灾种相互作用和致灾效应相互影响的问题，项目提出了一种基于灾害概率和灾损数学期望的综合风险评估方法，通过突破日尺度单独及复合灾害提取技术，在构建灾害互不相交的灾害空间的基础上，计算不同灾害发生概率并建立灾害损失函数，灾害综合风险即灾害损失函数的数学期望。

根据沿线区域面临的主要极端气候事件，将综合风险评估考虑的自然灾害集合确定为：温度类灾害（高温热浪、寒潮）、降水类灾害（极端降水、极端干旱）、风暴潮和滑坡泥石流。在此基础上，突破了精细时空尺度极端气候事件智能提取技术，综合利用长时间序列气象站点数据、同化气象因子格网数据、遥感数据等多源数据，精准提取自然灾害集合中不同极端气候事件的起止日期、持续时间、强度等属性。新项目研发了基于日尺度灾害复合的数据驱动灾害空间构建方法（图 6-1），根据灾害空间内灾害互不相交的原则，基于极端气候事件构建灾害空间，将自然灾害集合中的 6 种灾害细化为灾害空间内的 19 种互不相交的灾害，其中频发灾害 11 种、罕发灾害 8 种；构建了基于灾害损失函数数学期望的综合风险评估模型，针对灾害空间内的每种灾害，基于灾害持续日数所占比例计算灾害概率，基于灾害平均强度、承灾体暴露度和承灾体脆弱性构建灾害损失函数，灾害综合风险即灾害损失函数

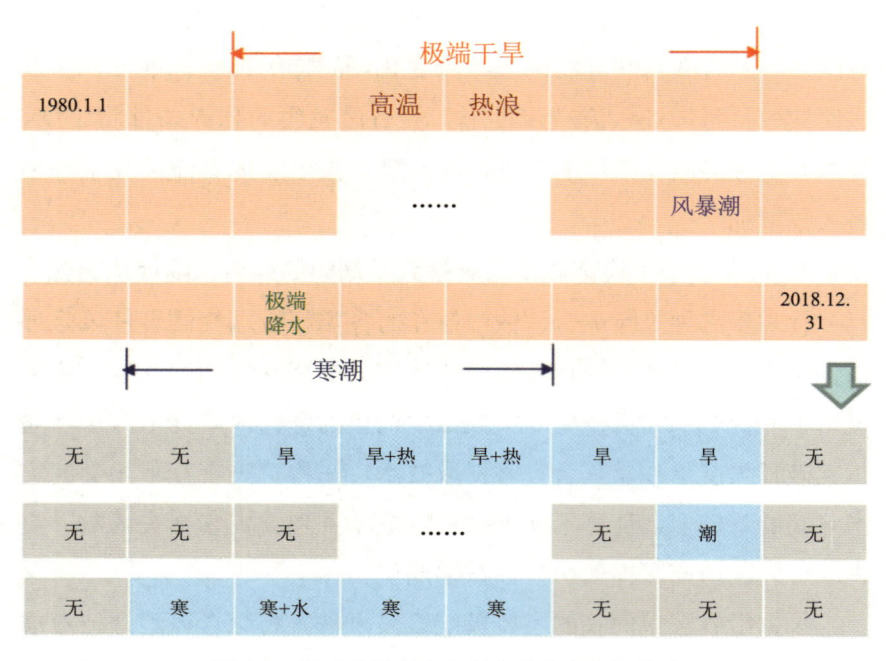

```
              ← 极端干旱 →         ←       →
┌──┬──┬──┬──────────────────┬──┬──┐
│1980.1.1│  │    高温  热浪  │  │  │
├──┴──┴──┴──────────────────┴──┴──┤
│         │         │    风暴潮   │
├─────────┴─────────┴─────────────┤
│        极端           │2018.12. │
│        降水           │   31    │
└──┬──────────┬────────────────┬──┘
   ←  寒潮  →
```

图 6-1   基于日尺度灾害复合的灾害空间构建

（表格下方示意：行1 无 无 旱 旱+热 旱+热 旱 旱 无；行2 无 无 无 …… 无 潮 无；行3 无 寒 寒+水 寒 寒 无 无 无）

的数学期望。

综合风险评估的结果表明（图 6-2、图 6-3），沿线地区极端气候事件极高风险区主要集中在中国中东部、南亚次大陆及东欧东部部分区域，主要由于极端干旱较为突出；极低风险区则分布在俄罗斯、东欧、中国北部和东南亚部分区域，主导风险以寒潮、寒潮＋干旱和极端降水为主。沿线地区主导风险具有典型的地带特征，其中，俄蒙和东欧大部分区域以寒潮和寒潮＋干旱为主导风险，东亚、南亚和中东大部分区域以极端干旱为主导风险，东南亚和中东/北非的部分区域则以极端降水为主导风险。

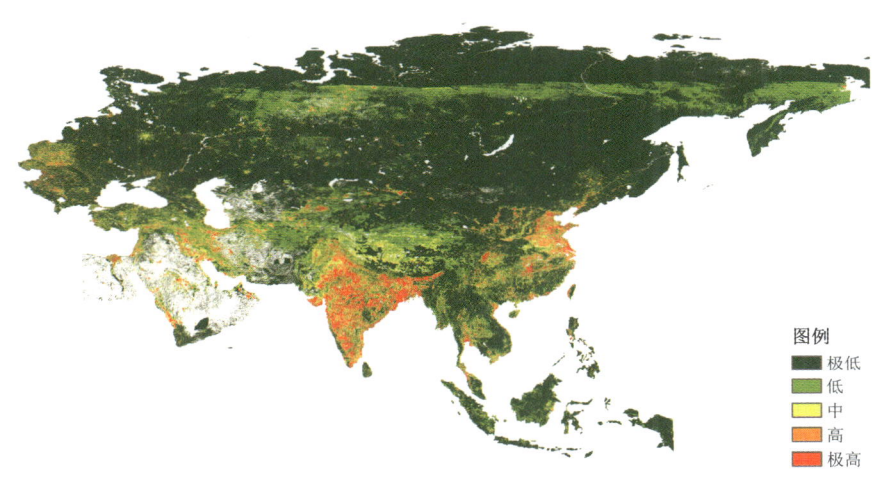

图 6-2　沿线地区综合风险

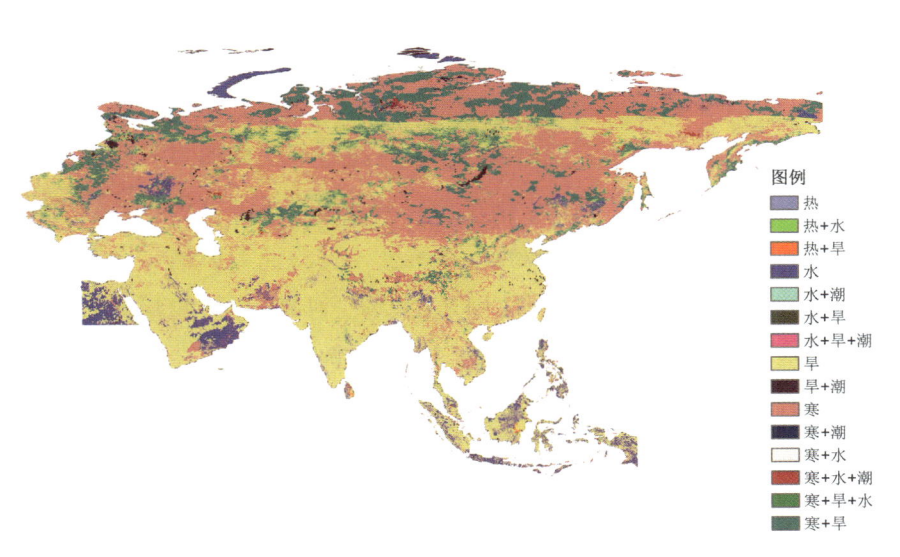

图 6-3　沿线地区主导灾害

三、主要创新之处

本成果的主要创新之处体现在以下三个方面：

（1）针对沿线地区缺乏精细尺度风险评估数据的瓶颈问题，创建了结合多源遥感数据融合和超分辨率制图的新方法，提出了时空滤波插值、遥感产品无效区域重建技术方法，生成了覆盖沿线地区的精细尺度致灾因子危险性、承灾体暴露度、孕灾环境脆弱性评估指标；收集整理、再分析生产了一系列环境本底数据集和风险专题数据集，填补了沿线地区灾害风险评估数据短缺的问题。

（2）突破多灾种综合风险评估难点：灾种性质各异，交互作用，致灾效应相互影响，建立了适合于沿线地区综合风险评估模型与方法体系。当前多灾种风险评估的主要方法包括风险要素综合法和单灾种风险综合法两种。其中，风险要素综合法是指对风险组成要素（如致灾因子危险性、承灾体脆弱性等）分别进行多灾种综合，在此基础上采用等级矩阵法、脆弱性与危险性的乘积或加权平均等方法得到多灾种风险。该方法事实上是将多个灾种看作一个灾种，对多个灾种涉及的危险性、暴露度、脆弱性等风险要素统一考虑并综合。单灾种风险综合法则是在单灾种风险评估的基础上采用一定的综合方法，将单灾种风险综合为多灾种风险。其优点在于单灾种风险评估方法成熟，因此，单灾种风险评估结果较为可靠；缺点则是进行单灾种风险评估综合时存在一定困难，很多研究常采用直接相加或赋权相加的方法，忽视了灾种间的相互作用关系。本方法通过构建灾害互不相交的灾害空间，以灾害损失的数学期望作为综合风险评估，能够很好地克服当前国内外风险综合评估研究中存在的各类型极端气候事件风险评估各自为战，忽视灾种相互作用和致灾效应相互影响的问题，得以从总体层面全面了解极端气候事件风险。

（3）本研究在分析了中巴经济走廊区域气候差异、揭示了中巴经济走廊滑坡泥石流（包括古滑坡/泥石流）空间格局与分布规律的基础上，建立了滑坡泥石流灾害物理机制驱动的多尺度灾害风险评估方法与技术体系，拓展了灾害风险评估理论方法，编制了多灾种多因素耦合作用下中巴经济走廊滑坡泥石流灾害风险分区图；同时，考虑中巴经济走廊气候、地震发展趋势和活动，建立了区域灾害预判模型和风险预测体系，预测了未来气候变化、地震活动变化趋势下中巴经济走廊滑坡泥石流灾害演变趋势。

四、价值与意义

本研究的价值与意义主要体现在以下三个方面：

（1）针对多灾种综合风险评价中存在的主要问题，本研究提出了一套全新的极端气候事件综合风险评估技术体系，首次呈现出全球极端气候事件发生概率和风险分布的丰富空间细节与异质性，研究结果加强了对全球和区域极端气候事件格局和趋势的理解，从而支持更有针对性、更有效和更本地化的气候变化应对策略。

（2）本研究揭示了中巴经济走廊滑坡泥石流灾害时空分布规律和长期发展趋势，建立了滑坡泥石流灾害预测预警体系，重构了极端灾害事件过程及其工程影响，为区域内滑坡泥石流灾害的长期防治工程布置提供技术支撑，为区域内重大工程的选址和建设、防护工程设计及灾害应对方案提供科学依据，服务于中巴经济走廊工程建设和高质量发展。

（3）面向"一带一路"沿线地区、六大经济走廊、关键节点区域、典型节点等不同尺度极端气候事件风险评估的重大需求，本研究建立了多尺度极端气候事件风险评估和滑坡泥石流灾害风险评估技术体系，完成了多尺度综合风险评估工作，提出并完成了瓜达尔港概念规划暨自由区总体城市设计，研究结果可为港口、输油/输气管道、铁路、公路、工业园区等不同类型项目空间布局与选址提供科学支撑。

中亚生态系统评估*

一、成果背景

中亚面积400多万平方千米,位于亚欧大陆腹地,气候干旱、水资源短缺,生态系统脆弱,是世界典型的温带荒漠地区,也是欧亚陆路贸易大通道以及丝绸之路经济带建设与绿色丝绸之路建设的重点区域。近50年来,气候变化和人类活动使中亚生态系统发生了重大变化,城镇和农田扩张迅速,扩大了4倍,草地和林地波动加剧,冰川持续缩减,河流断流,以咸海为代表的下游湖泊大面积萎缩和消失,绿洲土壤盐渍化和土地沙化面积日趋扩大,沙尘和盐尘暴威胁不断加重,给中亚国家可持续发展带来重大挑战,成为联合国和全球关注的焦点。针对以上问题,2011年上海合作组织联合发布了应对气候变化的生态、水资源和农业科技合作联合公报,2017年和2019年"一带一路"国际合作高峰论坛提出了共建生态环保大数据平台与绿色丝绸之路的倡议,中亚国家都表示积极响应,希望对中亚生态系统过去、现在和未来有一个全面的认识,并提出应对策略。然而,由于缺乏基本的生态系统野外观测站点和基

---

* 主要完成人:陈曦、刘铁、罗格平、张弛、刘文江、李耀明、吉力力·阿不都外力、于瑞德、于洋,中国科学院新疆生态与地理研究所。

础数据，中亚国家一直未能联合开展中亚区域生态系统研究和评估工作。

2018年，在中国科学院"丝路环境"专项的支持下，研究团队在中亚建立了15个国际化的生态系统观测和研究站网，构建了卫星、无人机和地面观测空天地一体化中亚生态系统监测与评估系统，与中亚国家科研院所合作完成了首次中亚生态系统评估报告，并于2019年在第二届联合国环境问题科学政策与事务高峰论坛发布，为共同解决中亚区域生态与环境问题，共建绿色丝绸之路提供了科学与技术支撑。

二、主要内容

1. 百年尺度中亚地区气候总体有暖干-暖湿变化的趋势，冰川融化加剧，水资源不确定性增大

通过地面观测、遥感反演、树木年轮和再分析数据等综合研究，发现中亚地区年平均气温增温速率为0.15℃/10年，即在过去的100年中，中亚地区平均气温升高1.50℃，是全球同时期增温速率的2倍（图7-1）。20世纪初至70年代，中亚地区年平均气温保持相对稳定状态，并呈现"上升-下降"交替变化的特征。1970年后，中亚中部、南部、西南部和西部地区显著增温，气温急剧上升，升温幅度达0.34℃/10年，尤其是20世纪90年代后期至21世纪初经历了显著性增温过程，可以看出，中亚地区加速增温的突变发生在20世纪70年代末，显著变暖突变发生在20世纪90年代后期。

中亚地区年均降水总体呈现增加趋势，百年增幅达18毫米，但区域差异很大。降水增加在20世纪70年代后期发生由干转湿的显著突变，最大增幅超过10毫米/10年。从空间分布上看，降水在

图 7-1　中亚气候因子变化

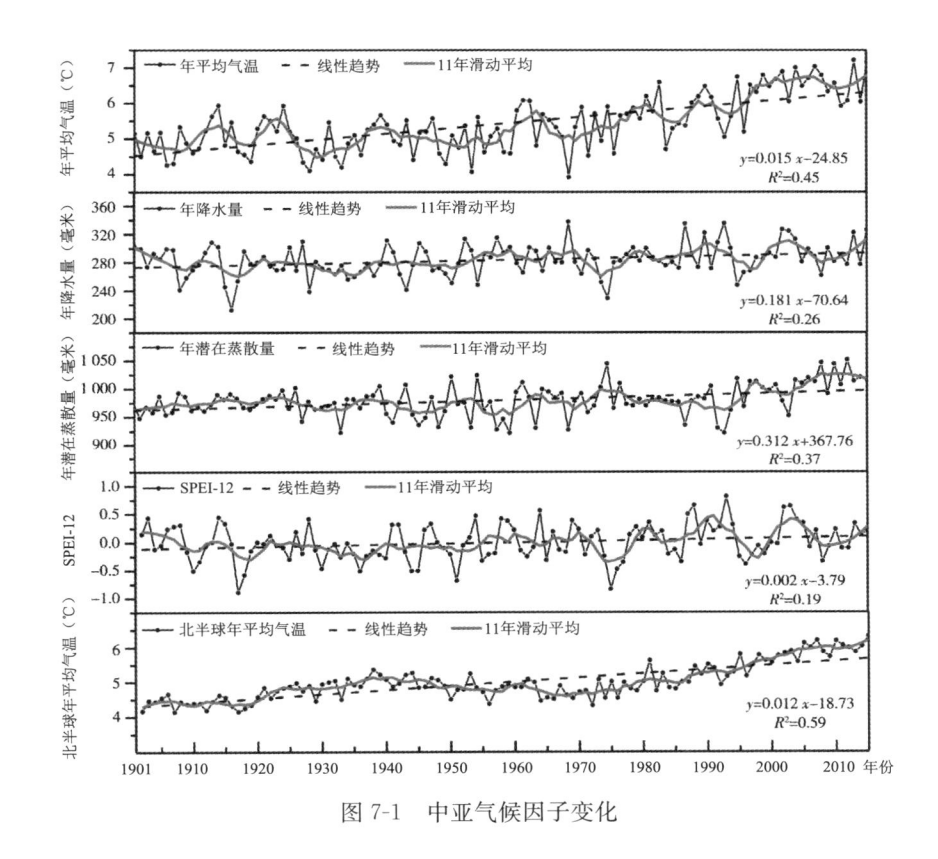

中亚国家大部分地区呈现减少趋势，哈萨克斯坦北部草原区降水减少明显，而中国新疆北部地区则呈现较大范围的降水增加趋势，总体向暖湿变化，且平原早于高山地区，中国西天山暖湿趋势最为明显。中亚地区变暖突变首先于 20 世纪 70 年代中后期从中亚东南部的中国新疆南部开始，然后向北、向西扩展，80 年代变暖突变信号传至中亚北部、中部和西部。降水的突变则首先于 20 世纪 70 年代中后期从中亚西部开始，然后向南、向东扩展，于 80 年代中后期信号传至中亚东部的中国新疆。反映干湿综合变化的干旱指数 SPEI-12 也反映出以上规律。

气温升高导致中亚冰川在过去 40 年中一直呈现出退缩和面积

损失的格局，河流调蓄能力降低，水旱灾害加剧。天山山区北部和东部边缘冰川面积减少最为显著，40 年间面积平均减少 30%。天山西部冰川退缩同样显著，260 个冰川总面积减少 20%，其中＜1 平方千米的小冰川覆盖面积减少特别严重，绝大部分消失。天山和帕米尔的冰川分析表明，冰川厚度变薄 16.5 米，平衡线高度上升约 90 米，最高上升达 150 米。

中亚主要河流，包括阿姆河、锡尔河和楚河，50 多年来（1960—2015 年）河川径流量阿姆河呈显著减少趋势，阿姆河上游支流喷赤河、瓦赫什河与卡菲尔尼甘河径流量呈显著减少趋势，苏尔汉河呈不显著减少趋势，泽拉夫尚河与卡什卡达里亚河呈不显著增加趋势。根据 IPCC 的 RCP2.6、RCP4.5 和 RCP8.5 三种情景下改进型 SWAT 分布式水文模型的预估，未来 30~50 年相比历史时期，阿姆河、锡尔河和楚河流域径流量均减少。三种情景下，阿姆河流域径流量总体分别减少 0.6%、1.5%、5.2%，锡尔河径流量分别减少 0.8%、0.7%、5.2%，楚河减少更多，分别为 8.4%、6.2%、8.7%，拐点值出现在 21 世纪 30—50 年代。因此，温度升高将导致中亚水塔的水量减少和不确定性，给中亚水资源利用带来更大困难。

2. 中亚人类活动强烈，对生态系统影响很大，呈现恶化趋势，生态系统服务价值持续下降

通过遥感调查反演了 1970—2015 年中亚土地利用和土地覆被变化，中亚地区水浇地增长 30.2%，旱地减少 34.7%，草地增加 27.5%，林地变化不大，增加 1.5%，水体面积减少 23.7%，建设用地增加 49.3%，未利用地减少 35%，可以看出，人类活动使中亚地区陆地生态系统发生了很大变化。中亚国家 2000 年与 1990 年相比，草地减少 8.31%，耕地减少 7.45%，水体面积减少 6.44%，林地减少 6.56%，这一结果表明，1990—2000 年中亚地区土地覆被呈现较大程度的退化，生态环境有所恶化。2010 年与 2000 年相比，草地面积增加 8%，耕地面积减少 10.50%，水体面积持续减少，城镇用地略有增加，生态系统总体仍然处于恶化趋势。总体来说，中亚国家 1990—2015 年的 25 年中，中亚地区生态系统呈现恶化趋势，水体生态系统恶化最为严重，呈现数量增加而面积减少的特点，水体数量由 16 165 个增加到 17 233 个，面积却大幅减少。特别是咸海，从 20 世纪 60 年代开始萎缩，水体面积减少 90%，水生生物消亡，产生了 6 万多平方千米的沙化和盐化荒漠，造成大规模的沙尘和盐尘暴，成为全球最大的生态问题。对咸海流域生态系统服务价值（ESV）的分析表明，20 世纪 90 年代，咸海流域的生态系统服务价值总量约 4 925.5 亿美元。草地贡献率最高，为 48.08%，其次是农田和水体（分别为 33.79% 和 16.39%）。由于土地利用类型的变化，1995—2005 年，咸海流域生态系统服务价值减少了 165.5 亿美元，主要是由于水体生态系统服务价值的减少抵消了农田、草地和城市地区增加的生态系统服务。2005—2015 年，区域生态系统服务价值进一步下降了 93.6 亿美元，同样，水体的服务价值下降是区域服务价值下降的主要原因。咸海流域上、中、下游的生态服务价值变化分析进一步表明，1995—2025 年，上游的服务价值波动最小，整体减少 19.0 亿美元；中游的服务价值持续增加，累计增加 68.1 亿美元；下游的服务价值持续下降，累计减少 277.9 亿美元，咸海萎缩是其最重要原因。由此得出结论，咸海流域属于干旱气候环境，耕地开发需要消耗大量水资源，在带来可观的经济效益的同时，也会导致自然生态系统服务价值的丧失。咸海水体的大规模萎缩直接导致该区域生态系统服务价值迅速减少，中上游农田、草地和城市的扩张，增加的生态系统服务价值尚无法弥补下游生态系统服务价值的损失，因此，必须以可持续发展为原则，协调人与自然和谐发展，而通过模拟分析表明，调节中亚生态系统服务价值综合排序为：水文调节＞土壤保持＞防风固沙＞固碳＞释氧＞物质供给。

3. 气候变化与人类活动使中亚生态系统初级生产力不断降低

通过构建干旱区生态系统模型（Arid Ecosystem Model，AEM），进行数值模拟和实验量化研究发现，1980—2014年的35年，中亚地区净初级生产力（NPP）年均总量为11.25亿±1.29亿吨碳或218±25克碳/平方米。哈萨克斯坦北部地区年NPP较高（349±39克碳/平方米），而南部荒漠NPP较低（123±45克碳/平方米）。温带针叶林NPP最高（556±82克碳/平方米），非深根灌木NPP最低（158±25克碳/平方米）。1980—2014年，中亚NPP总体呈减少趋势（-0.71克碳/平方米/年），南部极端干旱区NPP降低最为显著（-2.05克碳/平方米/年）。相较于1980—1984年NPP均值，1985—2014年中亚区域NPP总体降低了10%。其中，农业生产使NPP增加了8%，气温升高的正效应使NPP增加了2%，而水分供给和降水变化使NPP降低了18%。山区和哈萨克斯坦北部等高纬高寒地区的NPP主要控制因子为温度，平原和荒漠地区主要控制因子是水分供给。中山带森林区和低山带水热条件好的区域主要受二氧化碳影响。研究表明，中亚地区常绿针叶林和农田的单位NPP显著大于其他植被类型，农田的单位NPP最高。草地、深根植被以及非深根植被的单位NPP相对较低，但面积大，NPP总量占69%。温度、降水、二氧化碳以及水分供给是中亚地区NPP变化的主要影响因子，其中降水和水分供给是主要因子，可以通过加大调节水分供给能力应对未来气候变化对中亚植被和农业的影响。

4. 中亚生态系统是全球碳循环不可忽略的碳库，具有深层的特点

陆地生态系统是全球碳循环的重要组成部分，干旱区生态系统拥有全球约 1/3 的植被碳库和 27% 的土壤有机碳库，中亚干旱区分布着世界 80% 以上的温带荒漠，但因没有观测数据和缺乏深入研究，长期被国际碳循环研究所忽略。本次通过研发中亚地区深根植物和水分供给特点的 AEM，与 15 个生态系统研究站点结合，发现中亚地区是一个巨大的有机碳库。计算的中亚地区植被碳储量分别为（30.4 亿±1.88 亿吨）和（41.2 亿吨），温带荒漠 1 米深土壤有机碳储量（SOC_{1m}）分别为 308.2 亿±186.1 亿吨和 271.5 亿吨。另外，在中亚温带荒漠的深层土壤中（1～3 米）贮存有 104.2 亿～114.3 亿吨土壤有机碳。AEM 估算的凋落物碳库（LTRC）为 3 亿吨。因此，当土壤深度为 1 米时，中亚地区总的生态系统碳储量（TOTC）为 313.4 亿～341.6 亿吨；若将深层土壤有机碳（1～3 米）考虑在内，中亚地区生态系统碳储量为 430.0 亿～445.8 亿吨（图 7-2）。土库曼斯坦、乌兹别克斯坦的温带荒漠和中国新疆北部的古尔班通古特沙漠属于生态系统碳密度低值区；哈萨克斯坦北部、阿尔泰山及天山山脉中海拔地区较为湿润的气候发育了良好的草原与山地森林生态系统，使其成为中亚碳密度高值区。哈萨克斯坦和中国新疆占中亚总面积的 79%，其有机碳储量占整个区域碳储量的 84%～88%。

中亚区域平均植被碳密度为 0.36～0.58 千克碳/平方米，与全球荒漠和半荒漠地区的平均植被碳密度 0.35～0.40 千克碳/平方米相当。中亚温带荒漠地上植被碳密度为 0.11～0.13 千克碳/平方米，与北美莫哈韦沙漠的植被碳密度（0.09～0.12 千克碳/平方米）以及奇瓦瓦沙漠的植被碳密度（0.08～0.16 千克碳/平方米）非常接近。中亚地区温带荒漠平均总植被碳密度为 0.40～0.87 千克碳/平方米，高于撒哈拉荒漠过渡带的植被碳密度（0.26 千克碳/平方米），低于索诺兰热带荒漠的植被碳密度（1.6 千克碳/平方米）。在地表 0～1 米内，中亚温带荒漠土壤有机碳密

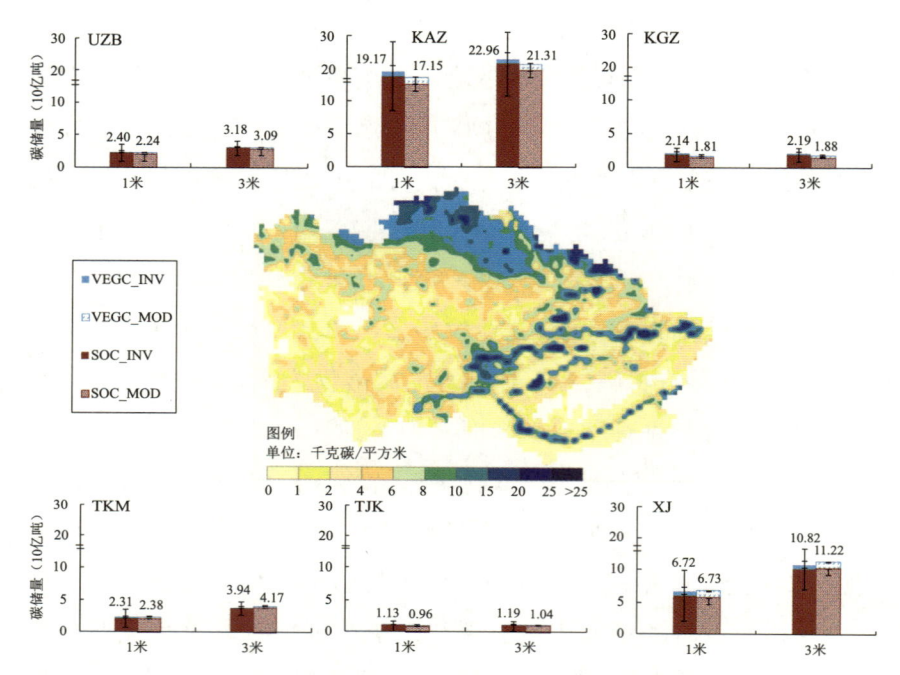

VEGC_INV 和 SOC_INV 分别为清单法（INV）计算的植被碳库和土壤有机碳库；VEGC_MOD 与 SOC_MOD 分别代表 AEM 模拟法（MOD）计算的植被碳库和土壤有机碳库。

KAZ：哈萨克斯坦；KGZ：吉尔吉斯斯坦；TJK：塔吉克斯坦；TKM：土库曼斯坦；UZB：乌兹别克斯坦；XJ：中国新疆。

1米和3米分别指计算温带荒漠土壤有机碳时的土壤深度。

图 7-2　中亚六个分区的植被碳库和土壤碳库

度为3.35～4.16千克碳/平方米，略低于全球荒漠/半荒漠土壤有机碳密度的平均值（4.37千克碳/平方米）。中亚地区温带荒漠土壤有机碳密度比全球热荒漠（Hot Desert）的平均值1.4千克碳/平方米高1～2倍，约为中东热砾石荒漠的10倍。尽管大多数区域土壤有机碳储量的研究都局限于地下0～1米或者更浅的深度，但经验模型的预测显示，全球荒漠0～3米深度的土壤有机碳密度为11.5±8.2千克碳/平方米，与中亚温度荒漠区0～3米的土壤有机碳密度非常一致（10.39～11.89千克碳/平方米）。对于整个中亚干旱区，0～1米深度内的生态系统总碳密度为6.6～7.3千克碳/平方米，与澳大利亚的7.1±1.4千克碳/平方米极为接近。

中亚地区有机碳储量是亚欧大陆碳收支的重要组成部分。中亚地区总有机碳储量（430亿～450亿吨）与中东地区（440亿吨）和南亚地区（540亿吨）的碳储量相当，约为欧洲有机碳储量的38%，是中国生态系统有机碳储量的36%，占全球荒漠和干旱灌丛碳储量的18%～24%，且与世界上其他主要干旱区的碳储量相当，比如澳大利亚干旱区的540亿吨。中亚地区与其他地区最大的区别是其有机碳库主要（约90%）位于地下。相比之下，植被碳库约占澳大利亚地区总碳库的45%。

1975—2015年，中亚地区人类活动主要包括耕地变化、林业活动和放牧，总体是一个碳汇过程。其中，耕地变化和林业活动使碳储量增加，而放牧活动带来大量的碳排放。40年来，耕地变化和林业活动的年净碳储量增量呈现上升趋势。

中亚温带荒漠65%～68%的土壤有机碳存储在深层土壤中（1米以下）。然而，大多数相关研究的土壤剖面深度主要限于0～1米内，因此，显著低估了中亚地区的土壤有机碳库。目前的区域或全球尺度的碳循环模型在干旱地区的应用也存在同样的问题，极少考虑深层土壤的生态机制。因此，本次评估结果对中亚和全球碳循环都具有重要意义。

三、主要创新之处

1. 建成了中亚生态系统野外观测与研究站网,是国际上中亚地区唯一的观测网络体系,填补了 IPCC 在中亚气候变化和碳循环研究的空白,已成为具有国际影响力的生态系统科学观测网络

按照中国科学院生态系统野外长期观测和研究标准,与中亚国家科学院、农业部、水利部共同建设完成了 18 个生态系统野外观测研究站网(图 7-3),中国科学院新疆生态与地理研究所现有的 10 个生态系统野外观测站形成了联网观测,开展统一观测设备、统一观测时间和统一数据格式的国际联网观测研究。在此基础上建立了 16 个河流水文断面自动观测站、10 个地下水自动观测站、23 个沙尘和盐尘自动观测站,形成了较为完善的中亚生态系统观测体系。

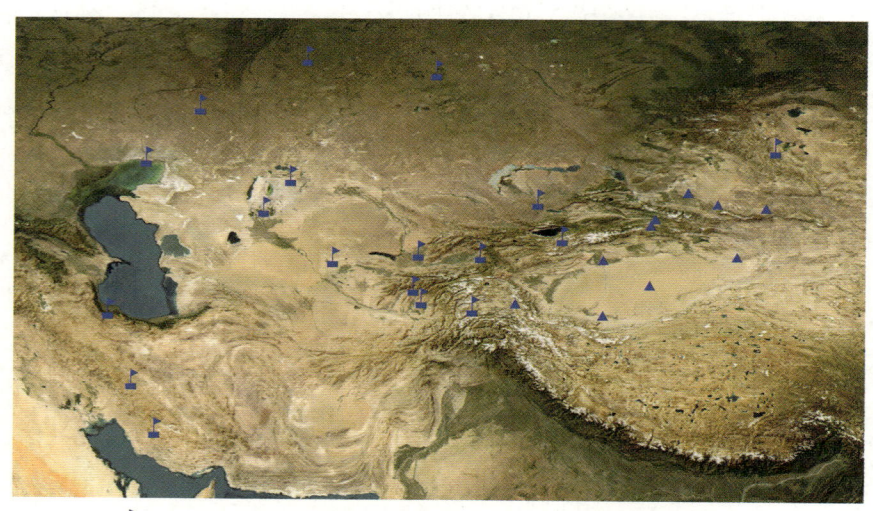

⚑ 国外生态系统野外观测研究站   ▲ 国内生态系统野外观测研究站

图 7-3 中亚生态系统野外观测与研究站网

2. 研发了自主版权的干旱区生态系统模型（AEM），为开展生态系统评估提供了手段

目前主流的陆地生态系统模型或陆面模型，如 TEM、CENTURY、CLM 等不能反映干旱区深根植物的生理生态过程以及特殊形态特征，简化了群落冠层结构，影响了对荒漠冠层能量分配过程的模拟精度，难以描述植被演替过程中林灌间的光竞争以及荒漠群落水分利用的时间隔离机制。"大叶模型"因忽略荒漠植被冠层分布的空间异质性而夸大光热胁迫；绝大多数模型不能模拟荒漠植物的根系分布特征及其对地下水和深层土壤水的利用策略；几乎所有生态系统模型都假设地下水位无限深，而忽视了植物对地下水的利用；主流模型所采用的传统根系分布模型，只能模拟倒锥形根系分布，即根系密度随深度减小，而无法反映荒漠生态系统特有的深根植物在接近土壤悬湿层和地下潜水层时根系密度增加的现象；荒漠灌木正是因为进化出较小的阻抗、较大的根茎截面积和水分传输路径而降低了输水阻力，获得了水分竞争优势。目前多数荒漠生态系统的陆地生态系统模型参数也不适于中亚地区。

基于以上主流生态系统模型不适用于中亚干旱区的现状，本研究构建了基于空间显示的多尺度 AEM，该模型耦合了能量以及碳水循环，旨在模拟生物物理过程（能量平衡）、生物化学过程（碳水循环）以及不同中亚植被功能型的种群动态。AEM 克服了前面所述的大部分模型的缺陷，在以下方面进行了改进：①拥有详细的荒漠植被冠层结构（包括盖度、株高等），因而能精确模拟荒漠冠层的能量分配；②能分别模拟雨养浅根植物、隐域深根植物以及利用土壤悬湿层的地带性植物的根系垂直分布和水分利用特征；③基于土壤水沿水势移动的物理机制，考虑土壤和植物体的水动力导度，采用一维 Richards 方程详细模拟水分在"地下水-土壤不饱和带-根区-毛根-侧根-主根-茎-叶-大气"连续体的移动过程，不但可反映"悬湿层"等温带荒漠特有的土壤水分布格局，而且可模拟干旱条件下植物对不同湿度土层水分利用的补偿机制；④针对荒漠土壤有机质分解的特点发展了异养呼吸的水分限制和光分解模块；⑤针对中亚干旱区典型森林、灌木和草原生态系统的建群种优化了包括物候在内的模型参数；⑥在进行充分验证后应用于新疆和中亚地区的碳循环研究。

3. 揭示了中亚地区生态系统持续恶化的变化规律，提出了未来中亚生态系统保护的对策

根据系统评估，提出在联合国 2030 年可持续发展目标框架下，以人与自然生命共同体的理念，加强国际合作，联合开展中亚水-社会经济-生态系统协同管理的建议。该项建议在联合国"水与可持续发展十年行动计划（2018—2028）"国际高层论坛做了大会报告，关于实施水与生态系统科学研究计划，联合开展冰川联合调查、中亚水塔及其变化、水资源利用、生物多样性与生态系统变化、灾害预警与应急防控五个方向得到国际共识。2019 年塔吉克斯坦科学院联合项目组率先实施了水科学与生态保护国际研究计划。

四、价值与意义

1.《中亚区域生态系统评估报告》得到联合国环境规划署高度评价

《中亚区域生态系统评估报告》系统评估了近 100 年中亚的气候、人类活动和生态系统变化，提出了中亚地区未来生态系统保护和研究的方向，该报告在 2019 年 3 月非洲肯尼亚内罗毕召开的第二届联合国环境问题科学政策与事务高峰论坛上发布，40 多个国家的部长、知名科学家及商界领袖出席论坛并围绕科学制定绿色政策、建立全球数字平台、应对气候挑战的创新解决方案等五个关键领域进行探讨，共商环境问题解决方案。其间，"第三极：共同行动应对气候变化对脆弱生态系统影响"分会召开，在分会上发布了《中亚区域生态系统评估报告》。该报告的形成和发布为中国与中亚国家在生态环境保护、资源可持续利用、农业发展、灾害监测与预警等领域的科技合作奠定了基础，增强了联合国与发展中国家共同开展应对气候变化的能力，并对促进绿色丝绸之路建设发挥重要作用。报告在联合国层面产生了重要影响，得到环境规划署的高度评价。

2.《中亚区域生态系统评估报告》得到中亚国家高度认可，为绿色丝绸之路建设奠定了良好基础

《中亚区域生态系统评估报告》分送到中亚国家政府部门，哈萨克斯坦科学院、塔吉克斯坦科学院、吉尔吉斯斯坦科学院、塔吉克斯坦科学院的院长分别代表政府致信感谢中国科学院开展的中亚区域生态系统评估工作，认为该报告对中亚国家应对气候变化、开展生态系统保护、合理利用水资源具有重要的科学意义和应用价值。参加中亚区域生态系统评估工作的外国专家菲利普·德·梅耶院士荣获 2020 年度中国政府国际合作"友谊奖"，萨帕诺夫院士荣获新疆维吾尔自治区政府国际合作"天山奖"，中亚国家主要媒体和电视台多次专题报道中亚生态系统研究成果，成为绿色丝绸之路建设的重要支撑。

生态系统碳汇潜力评估[*]

一、成果背景

"一带一路"沿线大部分国家和地区地处干旱半干旱区或半湿润易干旱区,产业结构普遍单一,经济发展对于油气等资源的依赖性较高,多数国家在粮食安全、消除贫困、可持续生产消费等可持续发展目标上进展较为落后。在气候变化下,日益严重的水资源短缺、干旱区扩张、土地退化等生态环境问题加剧了社会经济发展同环境保护间的权衡关系,"变绿"与"变富"矛盾突出。因此,在碳达峰、碳中和已成为时代主题的背景下,亟须进一步加强沿线地区碳库的系统性、综合性科学评估,明确其减排增汇潜力,为沿线国家"双碳"目标的实现提供科学依据和决策支撑。

在此背景下,大尺度的碳库、碳汇评估是近年来的科学热点和难点,是实现"双碳"目标落实的基础。然而,目前沿线地区的碳库、碳汇仍然缺乏科学、系统评估,减排增汇潜力依旧不明。特别是针对自然生态系统,由于缺乏系统的野外观测与尺度推绎方法,限制了对沿线地区陆地生态系统碳汇现状与趋势及潜力的科学认

---

* 主要完成人:王艳芬、薛凯、杜剑卿、张娜,中国科学院大学;康晓明,中国林业科学研究院;夏安全、胡容海、韩颖慧,中国科学院大学。

识。在中国科学院"丝路环境"专项的支持下，本研究通过融合地面观测、生态过程模型、遥感模型等综合性手段，开展了沿线地区碳库、碳汇评估方法创新，具有重要的科学意义。

二、主要内容

1. 解析了沿线国家巨大的陆地生态系统碳储量

沿线地区生态系统复杂多样，包括草地（41.6%）、灌丛（2.8%）、森林（10.0%）以及荒漠与裸地（30.9%）等，草地主要分为高寒草地和温性草地两类。比起全球平均水平，草地、灌丛的净初级生产力（NPP）较低，分别是全球平均水平的86.46%和69.40%。2001—2019年，175.6万平方千米的生态系统发生了变化，占沿线地区总面积的15.1%。自然生态空间增加0.11%，其中，森林、草地和灌丛自然生态系统均有小幅变动，变化的面积占整个区域的比例分别为-0.12%、0.78%和0.68%。生态系统碳库主要由植被碳库和土壤碳库组成。

（1）植被碳库

植被碳库同植被类型相关。高寒草地主要植被类型包括高山嵩草（*Kobresia pygmaea*）草甸、矮生嵩草（*K. humilis*）草甸、垂穗披碱草（*Elymus nutans*）高寒草甸、紫花针茅（*Stipa purpurea*）草原和青藏薹草（*Carex moorcroftii*）草原等。根据文献调查和采集样品测定，本研究获取了不同植被群系的地上、地下植被碳密度。高山嵩草草甸地上植被碳密度为65克碳/平方米，地下植被碳密度为632克碳/平方米；矮生嵩草草甸地上植被碳密度为150克碳/平方米，地下植被碳密度为1 545克碳/平方米；紫花针茅草原地上植被碳密度为18克碳/平方米，地下植被碳密度为358克碳/平方米。结合多源多时相遥感和深度学习获得的各个植被群系分布面积，估算出青藏高原基于群系的高寒草地植被碳库碳储量为 13.60 亿吨。

温性草地平均植被碳密度为 302.06±168.26 克碳/平方米。沿线地区温性草地植被碳密度的空间异质性很强，不同类型草地的植被碳密度差异较大。其中，荒漠草原、草甸草原和典型草原较高，均值超过 412 克碳/平方米；荒漠最低，不及 200 克碳/平方米。不同国家或地区的植被碳密度差异较小（282.4~314.4 克碳/平方米）。总体上，温性草地植被碳储量为 19.7 亿吨。其中，地下碳储量是地上的 7.58 倍。不同类型草地的植被碳储量差异较大，典型草原最高（6.1 亿±1.7 亿吨），低地草甸和草甸草原最低（约 1.1 亿吨）。不同国家或地区的植被碳储量差异很大，中亚五国最高（10.1 亿±5.6 亿吨），其次是中国北方（5.7 亿±3.3 亿吨）和蒙古（3.9 亿±2.1 亿吨）。近 30 年间，所有温性草地类型的平均植被碳密度均呈显著增加趋势；其中，温性荒漠草原的植被碳密度增加最快（3.14 克碳/平方米/年），草甸草原增加最慢（1.26 克碳/平方米/年）。中国北方和中亚五国的植被碳密度均呈极显著增加趋势，蒙古增加不显著。

对于灌丛和森林等其他生态系统类型，参考 2006 IPCC *Guidelines for National Greenhouse Gas Inventories* 及 CDIAC（Carbon Dioxide Information Analysis Center）的方法和参数计算了每种地类单位面积的碳储量，并经过投影、重采样等操作基于 ArcGIS 实现了对沿线地区的分类面积统计。根据分类面积与对应类别碳储量指标，采用自下而上的方法估算了森林和灌丛植被碳库储量分别为 95.8 亿吨和 1.1 亿吨。

（2）土壤碳库

研究结果表明，沿线地区（面积 1 231.34 万平方千米）土壤表层 30 厘米总计存储着 6 243 亿吨碳，平均碳密度为 5.07±2.4 千克碳/平方米。作为该区域的优势植被类型，草地的面积（673.42 万平方千米）与其土壤储碳量超整个区域的半数，平均碳密度为 5.93±2.84 千克碳/平方米，存储着 399.2 亿吨碳。其余植被类型，如农田（面积 62.85 万平方千米）、灌丛（面积 32.50 万平方千米）、森林（面积 11.37 万平方千米）分别存储着 38.1 亿、13.1 亿、9.6 亿吨碳。裸土区以其广泛分布的 361.45 万平方千米面积储存了 150 亿吨碳，其储量仅次于草地。从空间分布来看，泛第三极地区的东南部、中部以及北部的大部分地区高于其余地区，该现象可能与高海拔区域低温抑制微生物分解土壤有机碳有很大关系。土壤有机碳密度极低的区域出现在中国青藏高原的西部裸土区，可能因为低温和干旱不利于植被的生长，影响土壤中碳的输入。

本研究估算青藏高原（面积 308.34 万平方千米）表层土壤碳储量为 169.5 亿吨，平均土壤有机碳密度为 5.50 千克碳/平方米，其中草地存储量 114.4 亿吨，平均土壤有机碳密度为 7.27 千克碳/平方米。同时，用预留的 20% 的实测数据对比本研究与已有产品（包括世界土壤中心制作的 SoilGrid 2.0 及 FAO 制作的 HWSD 数据），发现本研究的估算结果与验证点的斜率更贴近 1∶1 线，而且模型的 R^2 更高。通过随机森林模拟交叉验证与因子筛选，确定 NDVI、年均温、年降水、短波太阳辐射、NPP 和干旱度为影响该区域土壤碳分布的主要影响因子，可解释 60% 土壤碳的空间分布。

总体来看，从沿线地区生态系统碳库储量分布上来看，青藏高原高寒草地植被碳库为 13.60 亿吨，而沿线地区温性草地植被碳库为 19.7 亿吨。此外，森林和灌丛植被碳库储量分别为 95.8 亿吨和 1.1 亿吨。我国北方温性草地（5.7 亿吨）和青藏高原高寒草地（13.6 亿吨）的植被碳库储量共 19.3 亿吨，比中科院碳专项对我国陆地草地的评估结果（13.5 亿吨）高 43.0%。沿线地区土壤碳库巨大，表层土壤碳库（0~30 厘米）储量为 624.3 亿吨，其中青藏高原为 169.5 亿吨。与世界土壤中心制作的 SoilGrid2.0 和 FAO 的

HWSD数据产品相比，本研究的评估结果取得了更高的预测准确性，且不确定更低。

2. 揭示了沿线国家陆地生态系统具有较大碳汇潜力

（1）基于模型的草地碳汇评估

碳汇指吸收大气中二氧化碳从而减少温室气体在大气中浓度的功能。区域陆地生态系统碳汇等估算的方法可分为两大类，即"自下而上"和"自上而下"。"自下而上"方法是指将现场或网格的地面观测和模拟结果整合到区域估计中；而"自上而下"方法则主要指根据大气二氧化碳浓度反演陆地生态系统碳汇，即大气反演。

本研究利用"自下而上"的生态过程模型方法（DNDC模型和TRIPLEX-GHG模型），模拟了沿线地区草地的碳汇。DNDC模型和TRIPLEX-GHG模型模拟一致，初步结果均表明沿线地区亚欧大陆草地整体表现为碳汇，碳汇总量为6.52亿～6.56亿吨碳/年。沿线地区亚欧大陆草地固碳能力在空间上表现出明显的区域差异，尽管大部分地区表现为碳汇，但碳源的区域主要分布在沿线地区亚欧大陆草原中部地区。

（2）退化草地恢复的碳汇潜力

基于最大叶面积指数近40年的时空变化，对亚欧大陆不同国家不同温性草地类型分别确定极重度退化、重度退化、中度退化、轻度退化、未退化的阈值，由此获得1993—2020年草地退化分级状况的空间分布。以此为基础，选取对应退化状况下植被碳密度1993—2020年呈现降低趋势的区域。对这些区域，在建立植被碳密度年际动态变化关系模型，获取初始年份和末尾年份的植被碳密度模型拟合值，计算初始年份相对于末尾年份碳密度升高的百分比（P）。提取相应退化级别下所有栅格的2020年碳密度值，估算出其恢复至未退化状态的碳密度，即当前草地植被的碳汇潜力。通过汇总不同草地变化情况下植被碳潜力和面积,可估算区域总植被碳储量潜力。

近40年间,亚欧大陆温性草地总退化面积为49.1万平方千米,占比7.51%。典型草原和草甸草原的退化面积占比最高(13.2%~14.5%)。蒙古退化面积占比最大(12.37%);中国北方显著改善面积占比最高(37.70%)。在中国北方,内蒙古草地的退化程度比新疆严重;内蒙古阿拉善盟、锡林郭勒盟和呼伦贝尔市分别有14.24%、18.47%和29.64%草地发生退化。当前,亚欧大陆温性退化草地植被储存着2.0亿吨碳,若退化草地得以恢复,则植被碳储量可提升1.6亿±1.0亿吨,使植被碳储量达到3.6亿吨(2.6亿~4.6亿吨)。哈萨克斯坦的碳储量潜力最大(0.34亿~1.12亿吨),其中,典型草原的潜力最大(0.34亿~0.69亿吨)。

同期,中国青藏高原高寒草地总退化面积为8.375万平方千米,占高寒草地总面积的5.44%。而在退化草地中,退化高寒草甸的面积占比最高,占到了67.67%。若退化的高寒草地得以恢复,则植被碳储量可提升0.19亿吨,其中,退化高寒草甸的碳汇潜力最大,为0.13亿吨。

3. 提出沿线国家碳减排空间较大

丝路沿线国家2019年人类活动产生的二氧化碳排放量约198.3亿吨,其中以中国、印度为主,二者占总排放量的63.6%。丝路沿线国家平均人均二氧化碳排放量(6.56吨二氧化碳/年)远高于世界平均水平(4.68吨二氧化碳/年),具有较大的减排空间。以单位GDP二氧化碳排放量作为衡量碳排放效率的指标,2019年丝路沿线国家碳排放效率为0.79千克二氧化碳/美元,高于全球平均水平0.53千克二氧化碳/美元。假如维持丝路沿线国家GDP总量不变,若以中国的单位GDP二氧化碳排放为标准(0.68千克二氧化碳/美元),生产效率提高带来的减排潜力估算为24.9亿吨二氧化碳排放量，占当前总二氧化碳排放量的 12.5%；若能达到全球平均水平，则能减排 28.7%。因此，从碳排放效率来看，丝路沿线国家依然具有很大的减排空间。

此外，丝路沿线国家的能源结构不均衡，电力热力行业的碳排放量占总碳排放量的近 50%，远高于欧盟平均水平（27.71%）。同时，尽管目前开发有限，但是丝路沿线地区具有较大的清洁能源发展潜力。从能源结构优化的角度来看，若能用清洁能源替代丝路沿线国家 10%的化石燃料，则可减排 9.3 亿吨二氧化碳，减排空间较大。

总体来说，丝路沿线国家碳排放总量较大，碳排放主要来源于电力热力行业，其人均碳排放量和单位 GDP 碳排放量均高于全球平均水平，减排空间较大。同时，丝路沿线国家清洁能源丰富，在维持现有碳库稳定性的基础上，以能源结构优化为抓手推进减排工作，潜力较大。

因此，项目以区块链底层技术为核心，构建了丝路生态碳库数据平台，建立了可信的生态碳汇数据存证体系，通过多节点存证数据，在丝路各国间建立了生态碳资产链接。基于区块链共识机制，构建了丝路碳交易平台，为未来丝路各国参与碳交易提供了支撑平台。

三、主要创新之处

1. 植被碳库评估创新

聚焦草地植被碳库，本研究分别在高寒草地和温性草地开展了评估方法创新。植被碳库储量受植被类型和生态系统退化程度的影响巨大。不同植物种类自身的碳含量和生物量存在差异，因此物种组成的不同使不同植物群系的碳储量存在差异。此外，生态系统退化及其程度也影响植被碳库储量。随着退化下植物群落组成的变化，必然也引起植被碳库发生变化。然而，传统植被碳库评估通常对所有草地都使用同一参数计算植被碳库，忽视了不同植被类型、群落结构及退化程度的影响，降低了评估的准确性并加大了不确定性。由此，本研究细分了不同草地植被类型，基于实测数据考虑了植物群落结构不同带来的差异，在群系水平（高寒草地）、植被型水平（温性草地）和退化等级（温性草地）下评估了草地植被碳库储量。

在地面调查和传统光谱数据的基础上，本研究引入多源多时相遥感数据描述植被生长环境和状态，将实地调查数据与多源多时相遥感数据相结合，提取并形成深度学习的训练数据。基于TensorFlow深度学习框架，构建并优化适用于植被群系识别的深度神经网络，挖掘多源遥感数据中的植物群系特征。最后，将训练好的深度神经网络模型应用到整个区域的多源多时相遥感数据上，获得整个青藏高原的植物群系分布。

2. 土壤碳库评估创新

作为陆地生态系统最大的碳库，土壤碳库即使微小变化也可能会对全球碳循环产生巨大影响。然而，由于缺乏系统的野外观测与准确的尺度扩展方法，沿线地区土壤有机碳储量估算仍存在很大的不确定性。聚焦土壤表层30厘米，通过对来自实测、文献、土壤数据库、国际合作等获得的超过4 416条土壤有机碳密度（SOCD）数据进行系统整合，构建了由气候、地形、生物体、母质和成土时间五大成土要素组成的环境数据集，借助分位数随机森林的机器学习方法建立起了土壤有机碳密度与环境数据的数学模型，估算了丝路地区土壤有机碳储量的空间分布格局及其不确定性。

3. 碳汇潜力评估创新

本研究引入了退化草地恢复碳汇潜力评估方法，在明确草地退化等级的前提下,通过计算未退化状态下草地的碳储量与根据目前退化情况估算得到的碳储量的差值,得到退化草地恢复的碳汇潜力。

4. 构建了沿线生态碳库数据平台

以区块链底层技术为核心,构建了丝路生态碳库数据平台。该平台通过加密算法实现信息安全,同时避免数据隐私泄露,提供隐私数据的使用授权,大幅提升了数据安全与可信度。数据所有者可以通过私钥签名授权,将数据访问权临时开放给特定的潜在合作伙伴、上下游企业、第三方监管机构验证,从而消除其对碳汇数据安全性的担忧,实现丝路各国生态碳汇流通和共享。在此基础上,基于区块链共识机制,构建了丝路碳交易平台,通过卫星遥感反演等方法获取上链前数据,有效解决生态碳汇数据可信采集难题,并让碳汇数据在产生同时就被加密并写入区块链网络,能够有效提升数据实时性、精确度和可信度。碳交易平台ICP(Internet Computer)公链上完成,相较于传统以太坊,出块更快,TPS更高,以Canister执行智能合约,有效提升了上链交易效率。同时,任何企图篡改数据的行为都将被记录留存,有效避免碳汇数据伪造,提升监管效能。

四、价值与意义

综上所述,丝路沿线大部分地区处于干旱半干旱区或半湿润易干旱区,生态系统生产力较低,对气候变化敏感,增汇潜力相对较小,且受水分限制。同时,丝路沿线国家碳排放总量较大,主要来源于电力热力行业,人均排放量(6.56吨二氧化碳/年)和单位GDP碳排放量(0.79千克二氧化碳/美元)均高于全球平均水平,减排空间较大。由于丝路沿线国家自然环境和经济发展状况均存在较大差异，各国总碳排放量、生产效率、固碳能力和减排潜力存在较高的空间异质性，国家间开展碳交易的潜力巨大。由此，本研究利用区块链底层技术，实现了丝路生态碳汇数据可追溯、不可篡改，促成多方信任，建立了透明的生态碳汇溯源体系与碳交易平台，旨在盘活丝路沿线国家碳资产，促进丝路可持续发展。

第二部分

绿色丝绸之路建设的技术支撑

  绿色丝绸之路是共建"一带一路"高质量发展的核心内容之一。其中，生态环境保护与治理以及生物多样性保护是国际社会关注的热点问题，而这需要本地化技术的支撑。为此，中国科学院"丝路环境"专项部署科研力量，针对咸海急剧萎缩导致的生态、环境和社会经济问题，阿斯塔纳首都圈生态建设所面临的困难，中蒙俄经济走廊原油管道冻土融化风险，乌兹别克斯坦生物多样性保护等区域性重大生态问题，深入开展了适用技术的研发工作，并进行了实地示范。

  在咸海治理方面，"丝路环境"专项从背景分析、变化归因、趋势分析和风险管理的视角出发，在流域、国家和区域三个尺度上，阐明了咸海流域气候与生态系统变化规律，解析了影响生态环境变化的自然和人为的主控因素，揭示了生态-社会复杂系统的演化机理和管理的综合风险，提出了咸海治理和保护方案，并组织开展了棉花种植节水技术的试验和示范。在生态建设方面，专项聚焦荒漠草原区生态屏障建设技术研发，优化集成了亚寒带荒漠草原区树木种植技术体系，并成功开展了种植示范，解决了哈萨克斯坦首都圈生态屏障建设的瓶颈问题。在冻土灾害防治方面，专项以中蒙俄经济走廊原油管道为试验示范点，开展了冻土灾害形成机理、冻土环境保护、冻土灾害防控技术研发和应用以及冻土灾害防灾减灾韧性能力提升研究，并取得了成功。在生物多样性保护方面，专项在对乌兹别克斯坦植物多样性开展多次联合考察的基础上，与乌方共同建设了"重要经济植物园（圃）"和全球葱园。该葱园已收集保育葱属植物180余种，成为全球葱属特别是野生葱属植物保护、研究、资源挖掘和科学传播的重要基地。

这些建设案例是践行"一带一路"绿色发展理念的重要实践行动，已成为区域生态系统保护修复、生态屏障建设、冻土退化与冻土灾害防治以及生物多样性保护领域开展"一带一路"国际合作的成功范例，为推动沿线国家可持续发展、增进各国民生福祉提供了中国方案，也为"一带一路"高质量发展提供了有力的科技支撑。

咸海治理的科学方案与试验[*]

一、成果背景

咸海位于哈萨克斯坦和乌兹别克斯坦交界处，流域面积125万平方千米。20世纪60年代以前，咸海是全球第四大湖泊，面积超过6.8万平方千米，最深69米，湖岸线长度超过4 400千米。20世纪60年代开始，苏联开始进行咸海流域的大规模开发，咸海主要水源阿姆河与锡尔河的河水被大量用于农业灌溉，灌溉面积从1965年的$5\,850\times10^3$公顷增加到1985年的$7\,000\times10^3$公顷，灌溉引水量从1965年的632亿立方米增加到1985年的1 115亿立方米，使流入咸海的平均水量从545亿立方米减少到1985年的150亿立方米，咸海水量也从9 724.7亿立方米减少到4 445.8亿立方米左右。1991年中亚国家独立后，咸海流域横跨中亚五国以及阿富汗、伊朗共七个国家，流域管理更为复杂，咸海面积在2019年也缩减到约6 690平方千米，咸海的干涸使生态系统遭到毁灭性灾难，湖水盐度上升几乎导致繁殖于南咸海水域的鱼类和海生生物群体全部消失，动植物物种多样性消失，12种哺乳动物、26种鸟类和11种

---

[*] 主要完成人：陈曦、刘铁、黄粤，中国科学院新疆生态与地理研究所；罗毅，中国科学院地理科学与资源研究所；李永平，北京师范大学；刘海隆，电子科技大学；吴敬禄，中国科学院南京地理与湖泊研究所；钱静，中国科学院深圳先进技术研究院。

植物已濒临灭绝。同时，干涸湖底裸露的海底盐分在风力作用下，成为盐碱尘暴的策源地，每年产生 300 万吨有毒盐尘物质，给咸海周边数百万人带来危害。咸海的急剧萎缩导致一系列的生态、环境和社会经济问题，导致全球重大的生态灾难"咸海危机"并引起国际社会高度关注。2017 年，联合国秘书长安东尼奥·古特雷斯在访问中亚国家时专程去咸海考察并指出：这是人类最大的生态灾难，人类正在摧毁地球，呼吁国际组织共同合作解决这一生态灾难。咸海生态问题已成为绿色丝绸之路建设和上海合作组织重点解决的区域重大生态难题。

咸海生态灾难的不断加重既有人为原因也有全球气候变化的影响。一方面气候变化和人类活动使发源于帕米尔高原西南坡的阿姆河与发源于天山西部的锡尔河上中下游水量发生很大变化，同时，各国在水资源统一管理方面存在很多矛盾，也缺乏现代化的监测和管理方法。咸海流域各国经济发展差距较大，资源导向性经济结构对水资源依赖度很大，国家间高依存度和相对独立政策之间矛盾严重。苏联时期，咸海流域用水统一调配与管理，上游下泄量可基本保证下游农业用水，上游短缺的能源也基本可得到下游国家丰富化石能源的补偿和满足。中亚国家独立后，下游国家出于自身利益考虑，无法完全补偿上游区域能源缺口，上游国家被迫通过增加夏季水库蓄水来保证冬季发电用水，夏季减少向下游供水，影响下游农业生产。而上游非生长季的放水，又常会引发下游的洪涝灾害。随着人口和社会经济发展，用水需求进一步增加，上下游国家对水资源的争端也在不断增加。

咸海流域是丝绸之路经济带建设的贸易大通道和关键地区，咸海生态保护也是绿色丝绸之路建设的战略需求。为了揭示咸海流域水与生态系统变化规律，提出咸海生态治理方案，形成对中亚区域水资源和生态系统重大科学问题的共识，在中国科学院"丝路环境"专项的支持下,研究团队从咸海背景分析、变化归因、趋势分析和风险管理的角度出发,在流域、国家和区域三个尺度上,阐明了咸海流域气候与生态系统变化规律,解析了影响生态环境变化的自然和人为的主控因素,揭示了生态-社会复杂系统的演化机理和管理的综合风险,预测了气候变化和人类活动影响下咸海的变化趋势,提出了咸海治理和保护的方案。

二、主要内容

1. 查明了咸海萎缩的成因

国际学术界一直认为咸海的萎缩是由于流域大规模耕地开发造成的,但本研究发现,1990年后咸海流域耕地增加不大,2000后出现减少趋势,而咸海面积依然大幅减少,到底是什么原因?项目组通过10 000多个地面样点测量调查和近60年遥感反演,绘制了咸海水位-面积-储水量-盐度-生物多样性关系曲线,模拟了1940—2018年咸海储水量由10 830亿立方米减少到600亿立方米的变化过程。研究表明,咸海萎缩分成三个阶段:1960—1990年、1991—2009年以及2010—2020年。1960年,咸海水位开始下降,面积缩减,盐量上升。1991年以来,哈萨克斯坦锡尔河流域北咸海面积逐年增加,目前含盐量恢复到1960年前水平,鱼种和捕鱼量恢复到1970年水平;而乌兹别克斯坦阿姆河流域南咸海面积却大幅缩减,大部分鱼种绝灭。2005年是南咸海萎缩突变点,东西湖分裂,仅仅5年后东湖消亡。从南咸海加速萎缩、北咸海得到改善看出,咸海生态治理与国家流域管理理念、模式和能力直接相关。1960—2009年,咸海经历了面积的急剧萎缩,由1960的 68.50×10^3 平方千米减少到2009年的 9.43×10^3 平方千米,萎缩了 59.07×10^3 平方千米(约86.23%),年平均变化率达到 -1.76%。2010—2020年,咸海的面积萎缩速率明显减缓，面积由 9.43×10^3 平方千米变化为 6.69×10^3 平方千米，减少了 2.74×10^3 平方千米（约 4.0%），年平均变化率为 -0.4%。

南咸海面积变化趋势与咸海整体的面积变化趋势基本一致，即经历了急剧萎缩（1986—2009 年）和波动缩小（2010—2020 年）两个阶段，到 2020 年面积减少到 3.41×10^3 平方千米，萎缩了 35.15×10^3 平方千米（约 91.16%），萎缩速率高达 2.76%/年。2005 年，南咸海再次分裂为西咸海和东咸海两个部分，其东部在 2014 年曾首次出现干涸，随后几年面积有一定程度的恢复。相比于南咸海的整体萎缩趋势，北咸海除 1999 年出现了极小值外，其余年份面积均呈波动上升趋势，2020 年扩张到 3.28×10^3 平方千米，增加了 0.45×10^3 平方千米（约 15.90%），年均变化率为 0.48%。咸海水量在 1960 年之前维持在 10 310 亿～10 830 亿立方米，1960 之后水量持续减少，由 1960 年的 10 830 亿立方米减少到 2008 年的 933 亿立方米，进而缩减至 2020 年的 751 亿立方米，共减少 10 079 亿立方米（约 93.1%），年均变化率 -17.07%。其中，1960—2009 年，咸海急剧萎缩期年均变化率达到 -20.62%；而 2010—2020 年，咸海水量萎缩速率明显减缓，年均变化率为 -1.82%（图 9-1）。

1960—2019 年，阿姆河入流量总体大于锡尔河，阿姆河年均入流量 145.3 亿立方米，年际变化较大，呈现波动减少趋势，2001 年最低，为 4 亿立方米；锡尔河年均入流量 47.9 亿立方米，呈现波动减少趋势，但相对稳定，径流量在 2001 年之后有所回升，1990—2001 年年均入流量 45.8 亿立方米，2002—2013 年锡尔河年均入流量 66.4 亿立方米。从两条河流年内变化来看，月径流量变化特征明显不同，阿姆河峰值出现在夏季 7、8 月，而锡尔河峰值常出现在 3、4 月。

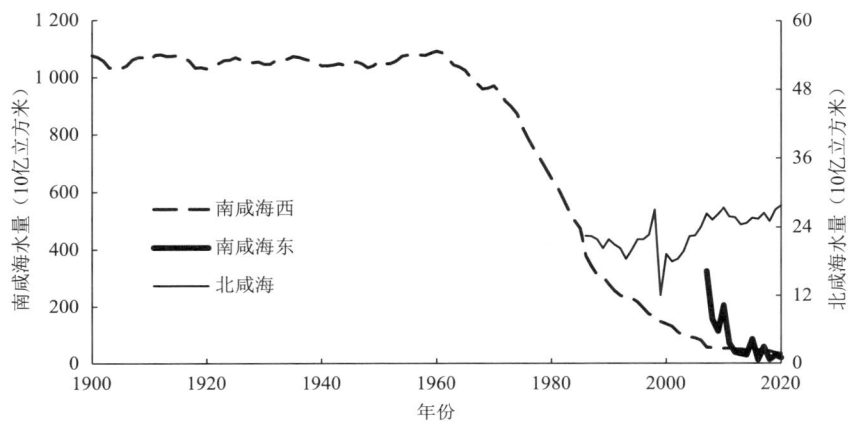

咸海治理的科学方案与试验　119

图 9-1　1900—2020 年咸海水量变化

从长期来看，咸海的萎缩是整个咸海流域气候、水资源与社会经济系统变化共同影响的结果，除了人类活动对咸海水量的影响外，气候变化对咸海水量的影响也不能忽略。咸海流域温度持续升高，降水模式也发生了改变，近 30 年来（1990—2019 年）阿姆河与锡尔河流域上游山区降水表现出不同的变化趋势，阿姆河上游降水小幅减少，而锡尔河上游地区降水则呈增加趋势，温度增幅约 0.17℃/10 年。

1960—1980 年是咸海流域耕地扩张最为迅速的 20 年，灌溉面积增加了 24.1×10^3 平方千米，增幅达 54.3%；1980—1990 年，灌溉面积继续增加但增幅明显减缓，全流域灌溉面积增加 3.3×10^3 平方千米，增幅不足 5%。1992—2019 年仅小幅增加 0.26%（807.41 平方千米），因此可以说，咸海流域的耕地基本上保持稳定。

阿姆河与锡尔河流域湿地扩张以及气温升高带来的实际蒸散发量增大是咸海萎缩改变流域水资源时空分布的主要原因。1977—2019 年，阿姆河三角洲湿地面积呈波动上升趋势，其中，1977 年三角洲湿地面积为 2 472.45 平方千米，2019 年增加到 4 715.42 平方千米，增幅为 90.72%。近 60 年来锡尔河三角洲湿地面积在

1980 年左右最小，之后开始触底反弹。1962 年三角洲湿地面积约 1 290 平方千米，1980 年下游湿地面积减少到 795.90 平方千米。然而，1980—2019 年锡尔河下游湿地面积总共增加了 1 921.53 平方千米，这一面积远远超过原先的规模。

咸海流域平原地区的蒸散作用几乎耗尽了本应到达咸海的水。1980—2019 年，咸海流域平原区年总实际蒸散发量（AET）增加了 37.81%（718.92 亿立方米），2000—2019 年增加了 40.22%（751.62 亿立方米）。阿姆河上游和中游径流量呈增加趋势，下游径流量呈减少趋势。因此，1980—2019 年，咸海萎缩了 5 625 亿立方米，年总实际蒸散量也随之减少了 88.28%（－581.3 亿立方米）。1980—2019 年，咸海流域平原区实际蒸散量的增加主要来自锡尔河中游（29%）、阿姆河中游（24%）和卡拉库姆地区中游（19%）；2000—2019 年，咸海流域平原区实际蒸散量的增加主要来自阿姆河中游（26%）、锡尔河中游（23%）和卡拉库姆地区（17%）。

以往大多数研究已经确定了人类活动在咸海萎缩中起主导作用，其中，耕地的扩张（特别是灌溉用地的扩张）长期以来一直被认为是咸海萎缩的主要因素。然而，耕地的扩张已不再是咸海近 20 年来萎缩的主要因素，因为 2000 年以来，咸海流域的农田已经停止了扩张，主要是由于阿姆河下游和锡尔河流域出现了大规模的弃耕地。1992—2020 年，咸海流域农田仅增加了 0.26%，其中，咸海流域平原区的耕地面积 2001—2019 年明显减少（－140 平方千米/年）。气候变化增加了咸海干涸的风险。1981—2019 年，整个咸海流域平均温度以 0.41℃/10 年的速度显著上升，高于整个中亚的平均水平（＋0.28℃/10 年）和全球平均水平（＋0.18℃/10 年）。气温升高促进了整个流域的耗水增加，年总实际蒸散量增加了 10.13%（376.21 亿立方米）。气候变化也导致咸海流域中下游河流对水的需求增加，加上在上游筑坝以获取能源，在下游修建水库以发展灌溉农业，几乎耗尽了本应到达咸海的水，导致到达咸海水减少，加速了咸海萎缩的进程。最终，咸海水量1980—2019年缩小了5 625亿立方米（42 944.32平方千米）。1980—2019年，实际蒸散量的增加集中在阿姆河下游（＋150.51%）、锡尔河（＋84.92%）与卡拉库姆地区（49.5%）、锡尔河中游（41.42%），这与土壤温度升高（0.41℃/10年）和灌溉活动不合理有关。咸海持续萎缩应该立即停止，因此，在实际蒸散量增加的热点地区需要先进的灌溉技术和有针对性的节水措施。未来旨在拯救咸海的项目应考虑采取措施，以减少不合理灌溉活动造成的非生产性水资源损耗。由于阿姆河与锡尔河在中亚地区为人们提供淡水和食物方面发挥着重要作用，因此，在流域水资源开发和咸海生态修复中应注意环境保护与经济发展之间的平衡。

2. 识别出咸海盐尘暴发生的关键阈值

本研究通过建立咸海风蚀观测25个监测点网络，针对干涸湖床盐尘产生、运移和成灾过程开展定点监测，同时，沿东西咸海分界线建立了地表土壤和植被样方30个，调查植被群落和种群特征以及个体的茎、枝、叶和地下形状特征，采集0～60厘米土壤样本，分析咸海湖区地面风蚀程度。利用地面观测和遥感数据建立1973—2017年咸海湖面、干涸湖床和大气气溶胶、盐尘暴之间的关系模型，发现盐尘暴增长的突变时间是2005年，盐尘的主要源地是干涸的东湖区（图9-2）。通过盐尘扩散模型分析，编制了咸海盐尘源地分布图，提出控制地面尘源的关键阈值是咸海水位28～30米时的8 000平方千米湖区范围（图9-3）。从盐尘扩散模型计算出盐尘的影响范围，向东影响1 500千米外的天山区域，向西可能影响1 300千米外的格鲁吉亚高加索和伊朗北部地区，向西北可至2 000千米外的西伯利亚地区，影响人口超过1亿人。咸海湖床风蚀风险程度干涸湖区东部最严重，高达93%，中部82%，南部67%。

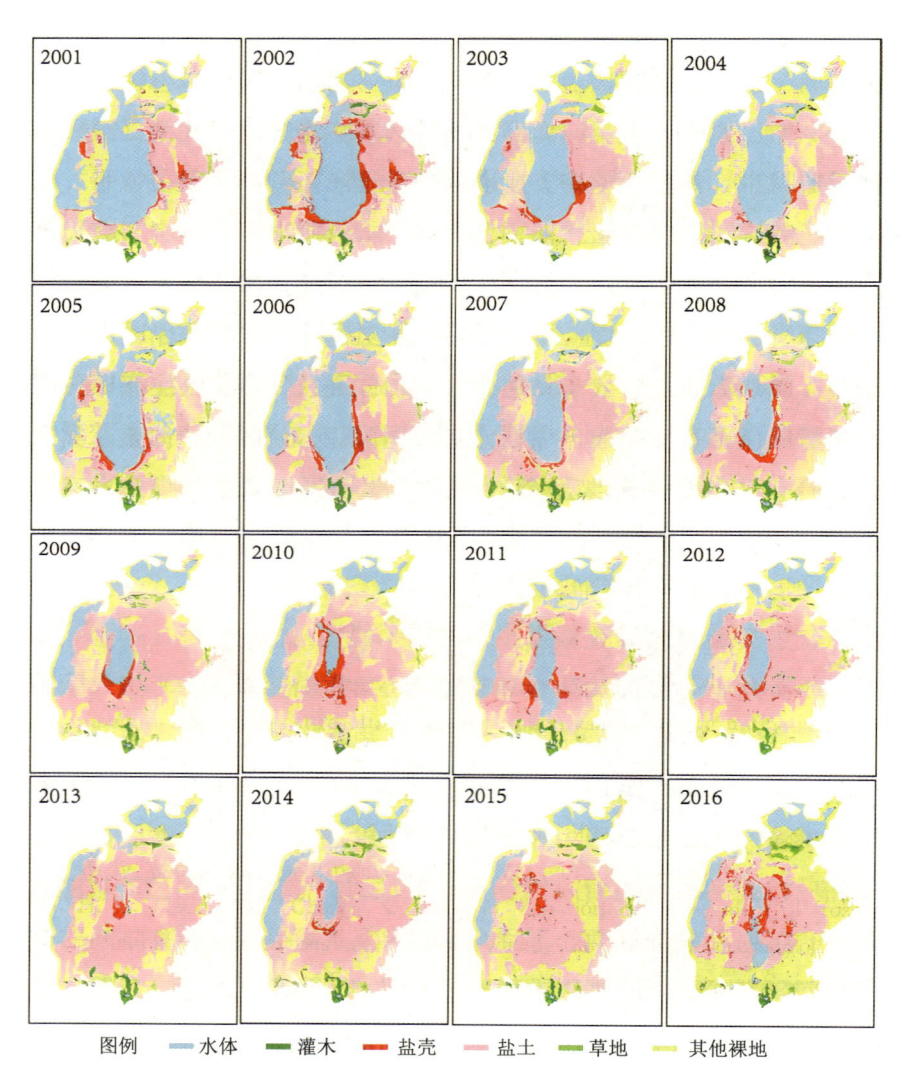

图例 ■水体 ■灌木 ■盐壳 ■盐土 ■草地 ■其他裸地

图 9-2 2001—2016 年咸海湖底类型专题分类

3. 提出了咸海生态治理路线图

结合地面调查、无人机和遥感监测分析，项目组提出了咸海干涸湖区生态治理路线图（图9-4），将咸海治理分成四个区域：①适宜植被恢复建设区（图中绿色部分），主要分布在河口与河道的两

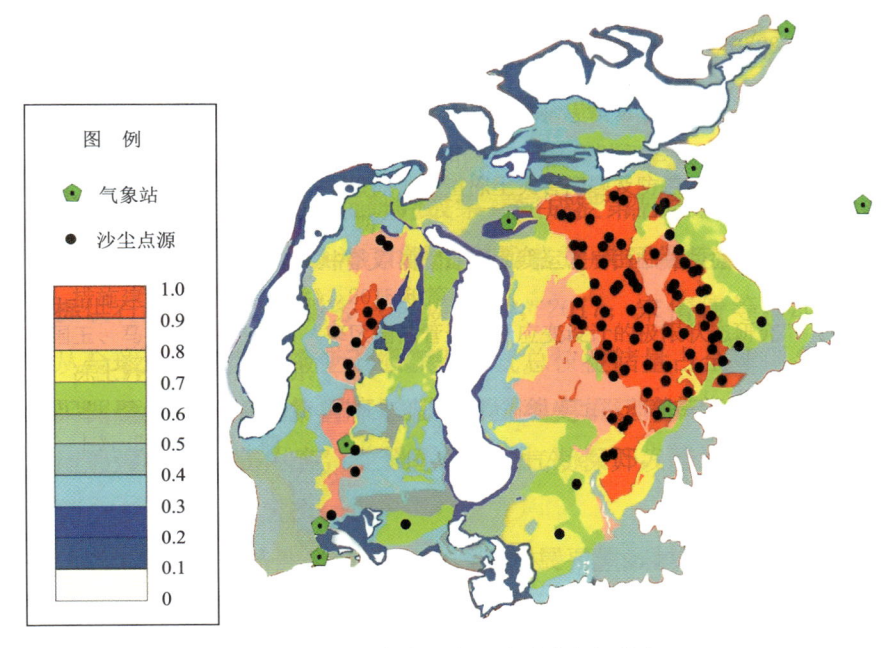

图 9-3 咸海湖盆尺度风蚀风险空间分布

侧，属于水文和土壤条件较好区域，可以通过植被修复来进行生态治理，该区面积占 36%，约 2.85 万平方千米；②高耐盐植物和功能性恢复区（图中的黄色区域），主要分布于高程 36~46 米，可采取培育适合于咸海特点的高耐盐和耐旱的植物以及物理化学微生物综合措施恢复，该区面积占 31%，约 2.46 万平方千米；③盐壳区（图中的红色区域），主要分布在干涸湖床的中心地带，地表有一层盐壳，植物或工程手段都很难恢复，本研究提出通过上游节水和建设输水工程的方法，人为引入进行水面恢复，盐壳区面积占 33%，约 2.53 万平方千米；④现状水面覆盖区（图中的蓝色区域），约 7 000 平方千米，需要维持稳定，并与盐壳水面恢复区形成连通。通过以上方案的逐步实施，可有效控制目前咸海的盐尘爆发生及其对生态环境的持续影响。

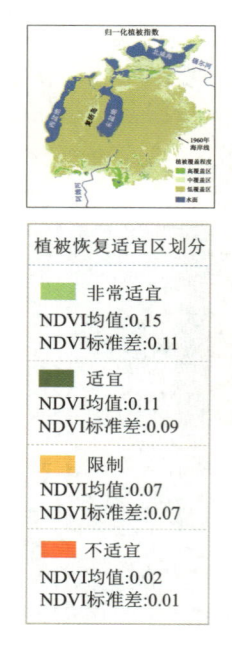

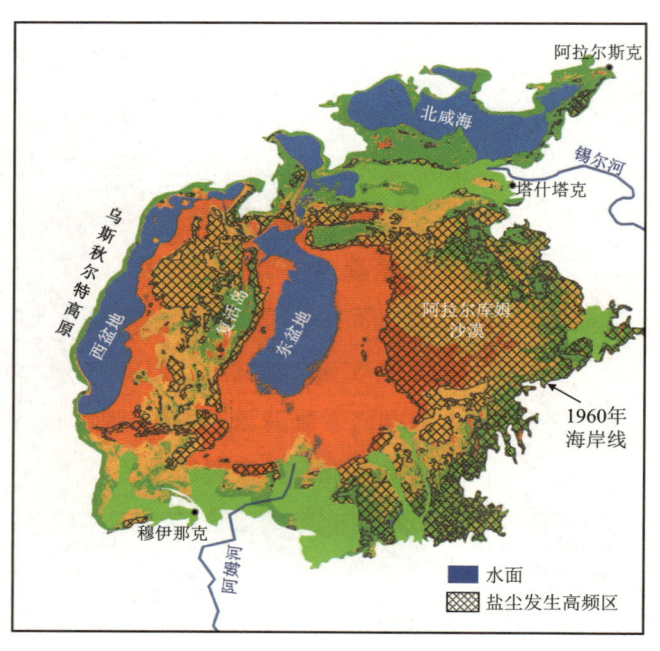

图 9-4 咸海分区生态治理路线

4. 通过风险评估提出了咸海流域-国家-区域层级水资源优化配置方案

通过集成逐步聚类分析、贝叶斯最小二乘支持向量机、析因分析、人工神经网络和多目标优化模型，定量识别了1960—2015年咸海流域两条干流入咸海水量变化的关键驱动因子，设置1 080种情景方案和9种灌溉方式、4种风险水平、5种可能性测度、6种弹性约束满意度水，基于咸海流域"水-能-粮-生态"纽带关系和贝叶斯网络模型，提出了综合考虑社会经济发展和生态保护的水与生态协同管理水资源优化方案。研究分析表明，咸海流域中亚各国的GDP（工业产值加农业产值）均经历了增长、下滑、恢复三个阶段。就整个流域而言，1960—1988年GDP增长328.5%，1988—1996年GDP减少35%，1996年起GDP恢复增长，1996—2016年

GDP 增长 328%（年均增长率 7.5%）。1960—1994 年咸海流域社会经济用水量上升趋势明显，1994 年以后无明显变化趋势，至 2016 年咸海流域社会经济用水量为 910 亿立方米。哈萨克斯坦、乌兹别克斯坦 1960—1994 年社会经济用水量持续增加，1995—2016 年社会经济用水量减少（主要是农业用水量减少）。吉尔吉斯斯坦 1960—1973 年社会经济用水量持续增加，1974—2016 年相对稳定。土库曼斯坦、塔吉克斯坦 1960—2016 年社会经济用水量持续增长。整个流域和流域内各国的用水结构相似，农业用水占比从 1960 年的 94.0% 降至 2016 年的 86.9%；生活用水占比从 1960 年的 3.4% 增至 2016 年的 5.9%；工业用水占比在苏联解体时期随经济下滑一度减少，但总体呈上升趋势；社会经济用水与咸海关系如图 9-5。近 60 年来，咸海流域各国灌溉定额变化存在差异，1960—2016 年土库曼斯坦（13 621 立方米/公顷）和乌兹别克斯坦（13 132 立方米/公顷）的灌溉定额明显高于塔吉克斯坦（6 712 立方米/公顷）、

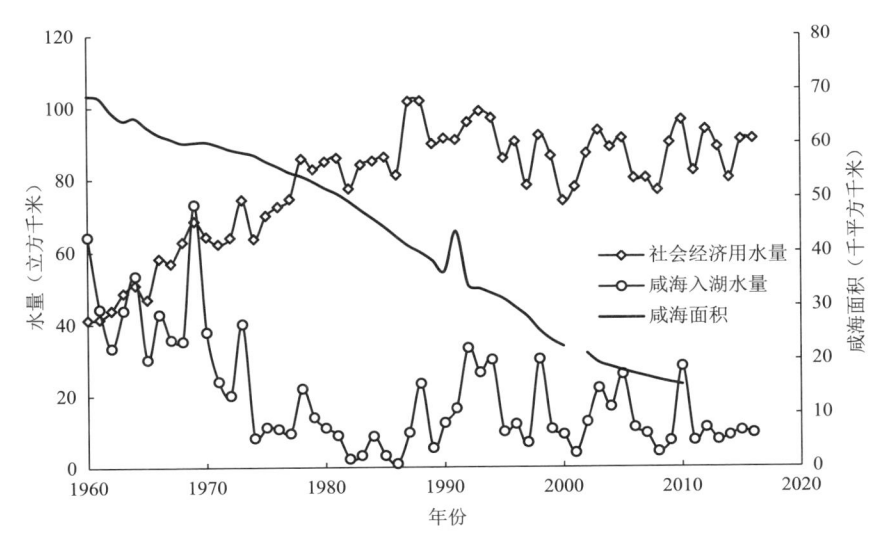

图 9-5 1960—2016 年咸海流域社会经济用水量与咸海面积、入湖水量对比

吉尔吉斯斯坦（68 342立方米/公顷）、哈萨克斯坦（64 572立方米/公顷）。咸海流域各国的用水效益（工业用水效益加农业用水效益）总体处于较低水平（1～5美元/立方米，2016年），同时期，世界平均用水效益约10美元/立方米，发达的北美地区用水效益约40美元/立方米，发展滞后的非洲撒哈拉地区用水效益约5美元/立方米，与咸海流域相邻的中国用水效益为15美元/立方米，俄罗斯为27.7美元/立方米。

对未来2025—2050年的54个CMIP6情景分析表明（图9-6），通过综合协调咸海水位-需水量-生态响应之间的关系，强化节水技术应用和水资源优化调配，增加100亿立方米入湖水量可以完成项目组提出的咸海生态治理路线图，扭转咸海恶化趋势，达到修复的目标。重点是要加强乌兹别克斯坦与塔吉克斯坦两国的水资源管理，塔吉克斯坦的水能开发和乌兹别克斯坦的农业灌溉是维系地区稳定与可持续发展的重要支柱产业。同时，大幅提升用水效率，未来10～20年通过实施节水方案可使中亚国家总体用水效率提高10%，将农业配水减少10%，电力增加10%，配水量收益增加1/3，为保护中亚国家生态环境可增加生态配水到总水量的13%～23%，咸海应占7%～15%的配水量。从水-经济-生态投入-产出模型分析表明，中亚国家之间可以通过建立虚拟水输入输出进行综合协调。哈萨克斯坦和乌兹别克斯坦可以通过畜产品、粮食出口与棉花出口向中亚进出口虚拟水250亿立方米，吉尔吉斯斯坦和塔吉克斯坦可通过水能开发增加工业和农业产品的进口，每年可以输入100亿立方米水量，同时可以与水能进行交换。

5. 建立了棉花节水精准管理试验示范区

棉花是乌兹别克斯坦出口的战略资源，被誉为"白金"。但受限于灌溉和施肥等综合管理技术，乌兹别克斯坦的棉花单产处于100～200千克/亩的较低水平，而且大水漫灌亩均用水量达800～

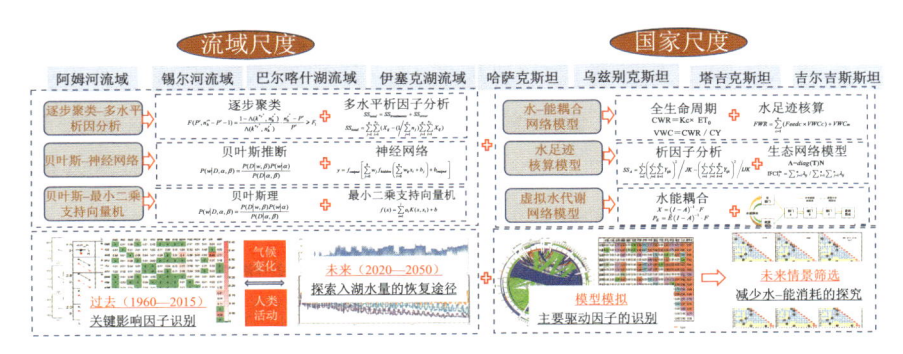

图 9-6 咸海流域国家间水资源配置

1 000立方米。为了将节水灌溉技术落地到咸海流域，项目组2019年与乌兹别克斯坦水利部灌溉与水问题研究所合作，在咸海阿姆河建立了5个总统直属棉花节水灌溉试验示范区（25公顷），并与乌兹别克斯坦水利部签订了推广10 000亩的合作协议和一期3 000亩的合同。

节水灌溉技术包括：①矮密早棉花种植技术。2000年中国科学院新疆生地所试验成功了将传统棉花种植6 000株/亩提高到16 000株/亩、21 000株/亩的技术，创造了世界棉花亩产530千克的纪录，获评为2001年中国十大科技进展，并在新疆大面积推广。目前新疆4 000多万亩棉花全部采用矮密早模式。②膜下滴灌水肥耦合技术。利用地膜滴灌将肥料和水精准输送到棉花根部，达到节水和节肥目标。③精准管理技术。利用无人机进行病虫害、旱情、长势监测，达到棉花灾害的精准防控。

2019—2022年，项目组在咸海乌兹别克斯坦示范区开展了棉花精准管理技术示范，培训当地技术人员，开展示范地整地、基建、设备安装和调试工作，进行覆膜滴灌、水肥一体化、盐碱控制、病虫害防治等联合试验，取得了节水增收、抗病防草、耐盐耐旱等一系列显著成果。从实验田的单位产量、棉花高密度膜下滴灌的试验产量比常规沟灌的产量要高，充分说明乌兹别克斯坦的地理环境也适应新疆棉花的高密度膜下滴灌模式，其光热资源丰富，无霜期长，有利于提高棉花产量。18万株/公顷膜下滴灌模式较9万株/公顷沟灌模式产量提高约35%，24万株/公顷膜下滴灌模式较9万株/公顷沟灌模式产量提高约65%，体现了单位面积内棉桃数量对产量的影响。从灌溉水量来看，棉花高密度膜下滴灌的灌溉量比常规沟灌降低了25%，试验产量却比常规沟灌提高了35%~65%，显示了在密植滴灌技术中单位体积水的高生产效率。从施肥量来看，棉花密植滴灌的纯氮投入量比常规沟灌的提高了30%，18万株/公顷膜下滴灌模式较9万株/公顷沟灌模式棉花产量提高约35%，24万株/公顷膜下滴灌模式较9万株/公顷沟灌模式棉花产量提高约65%。棉花生育期内科学合理的施肥是决定肥料利用率的关键。从棉花质量纤维长度来看，棉花密植滴灌的比常规沟灌的降低了约1毫米，对品质影响较小。从棉花质量纤维强度来看，棉花密植滴灌的与常规沟灌的强度相差无几。

2021年9月27日和2022年10月3日，乌兹别克斯坦水利部、农业部、创新部、环境委员会、灌溉大学、水利部灌溉与水问题研究所、科学院遗传所、农业部灌溉所和当地政府联合对项目组示范区进行了两次实地测产：亩产410千克/亩，节水50%以上，相比当地棉花灌溉定额减少400毫米。对比当地棉田，2022年的大旱更凸显出滴灌技术的先进性，产量和节水效率都是当地棉田的两倍。

6. 构建完成了咸海流域水与生态协同管理决策支持系统

系统集成了七个子模块：遥感监测系统、地面监测系统、农业大数据分析系统、水与社会经济分析系统、生态风险评估系统、生态服务评价系统、水与生态协同优化配置系统。系统可以模拟分析不同目标、不同情景下咸海流域社会经济发展、水资源利用和生态保护方案。

三、主要创新之处

1. 利用高精度多源遥感数据精确重建湖泊库容曲线，演算湖泊水量平衡；根据风沙扩散时空特征，确定风沙危害区划；综合考量水量平衡、风沙危害区划、人类活动和气候变化时空特征，制订咸海治理方案

基于多源高分遥感卫星数据及湖盆地形数据，提取近50年咸海面积和水位变化信息，基于ZY-3三线阵数据反演咸海湖盆地形，重建湖泊水位-面积-库容曲线，定量解析了水量平衡要素变化及时空差异，探讨气候变化与人类活动对湖泊水量变化的影响机制。利用试验-遥感-模拟揭示了湖盆主要的风尘源区，明确了咸海粉尘主要类型、发生比例、垂直分布、风沙层厚度等变化特征以及扩散区域，确定了咸海盐尘暴发源地。计算了减少60%盐尘暴灾害风险所需咸海30~40米水位和覆盖面积，这一方案的提出为解决咸海灾难提供理论基础，也可为其他衰退湖泊提供恢复的借鉴思路。

2. 剖析咸海水资源-社会经济-生态系统耦合机制，研发多维风险的综合评估方法体系，提出多重不确定性条件下的多层次多目标优化规划方法

针对咸海水资源、社会经济和生态系统复杂耦合关系及其与气候变化和人类活动复杂互馈关系，结合概率分析方法、机理水文模型、机器学习、方差分析和模糊推理等方法/模型，研发水资源与生态保护过程中多维风险的综合评估方法体系，系统预测评估气候变化与人类活动影响下咸海风险的时空动态性、异质性，揭示水-社会经济-生态之间复杂的相互作用和累积传递效应，开发了一套能处理关联系统多层、多目标、多阶段、多重不确定性的优化方法，并结合水权交易与生态补偿机制，构建了多尺度（国家、流域、湖区）水资源-社会经济-生态关联系统管理模型，为大湖区水资源及生态系统保护提供理论依据与方法支持。

四、价值与意义

1. 咸海生态治理方案得到中国主要领导高度重视

咸海生态治理的方案从人与自然和谐发展理念出发，以可持续发展目标和水-能-粮-生态协同方法为科学支撑，从咸海整个流域层面、国家层面、河流水资源调配层面以及咸海湖泊层面提出了系统的治理方案，该方案以中国参与咸海生态治理、共同构建绿色丝绸之路的咨询建议得到中国主要领导人的批示。

2. 咸海生态治理方案得到中亚国家认可与高度评价

咸海生态治理方案于2022年12月在乌兹别克斯坦咸海城市努库斯发布，乌兹别克斯坦水利部、创新部、农业部、环境委员会相关部长、司长参加了发布会并发表讲话，联合国环境规划署、乌兹别克斯坦总体直属咸海创新中心主任、乌兹别克斯坦科学院副院长和科研机构大学100多位专家学者对成果进行了研讨，一致认为咸海生态治理方案为咸海治理提出了宝贵的路线图和实施技术方案，是咸海生态研究的系统科学成果，为咸海治理做出了重大贡献，并希望进一步加大国际合作，使该方案早日实现。

3. 棉花节水灌溉技术得到乌兹别克斯坦政府部门高度重视

咸海棉花节水灌溉示范区，亩产达到400千克以上，节水60%，产量和节水比当地提高了2倍。乌兹别克斯坦电视台、中新社、《新疆日报》等国内外媒体对工作进行了详细的报道，宣传了中国棉花节水灌溉技术。参与测产现场会的单位从开始的水利部与合作单位，发展到目前的农业部、创新部和环境委员会等单位积极派专家现场观摩，说明中国技术在当地的认可度不断提高。卡什卡达里亚州、布哈拉州、那沃伊州、撒马尔罕州农户均来示范区参观交流，很多农户要求与中方技术人员签订技术合同。

哈萨克斯坦首都圈生态屏障建设[*]

一、成果背景

绿色"一带一路"是"中国理念、世界共享"的重要载体。推进绿色"一带一路"建设,分享生态文明和绿色发展理念,是我国参与全球环境治理的重要实践,是服务打造人类命运共同体的重要举措(姚檀栋等,2017;郭华东、肖函,2016;崔鹏等,2018)。中国作为"一带一路"建设的倡导者,在《关于推进绿色"一带一路"建设的指导意见》与《"一带一路"防治荒漠化共同行动倡议》中明确指出:围绕生态文明建设、可持续发展目标以及相关环保要求,加强与沿线国家和地区生态环保战略与规划对接,构建合作交流体系,共同开展沿线国家交通干线、城镇(绿洲)综合生态防护体系建设,提升生态环境风险防范能力,为"一带一路"建设提供生态环境安全保障。特别强调在加强基础设施建设的同时,应重视荒漠化问题,并加强这方面沟通协商与合作。因此,重视荒漠化问题,推动生态防护体系建设,加强生态环境保护,已成为"一带一路"建设的重要议题。2015年联合国《2030年可持续发展议程》

---

[*] 主要完成人:王永东、徐新文、雷加强、宋春武、蒋进、杜曼、周杰,中国科学院新疆生态与地理研究所。

的启动，为中国深入实施"一带一路"倡议，加强区域绿色合作，应对全球及区域可持续发展面对的威胁和挑战提供了重要机遇。

哈萨克斯坦是中亚的内陆国家，是我国的友好邻邦和共建"一带一路"的重要合作伙伴。首都阿斯塔纳由于受西伯利亚冷空气的影响，不仅被称为世界第二冷城市，而且大风、沙尘暴频繁，城市人居环境与生态环境受到严峻考验。为了缓解当前城市大风、寒冷和沙尘暴频发的影响，彻底解决阿斯塔纳首都圈开发所面临的种种困难，建立首都圈生态安全屏障体系已成为哈萨克斯坦主要任务之一。哈萨克斯坦首都圈生态屏障建设工程自1997年至今，已完成造林面积10万公顷，首都人居环境与生态环境得到了一定的改善。然而，在生态脆弱的荒漠草原区建设生态屏障是一项极为困难而复杂的工作，受冬季长且寒冷、夏季短又高温，大风、沙尘暴与暴风雪频发的气候条件，以及生态建设区造林障碍等本地条件的约束，首都圈生态屏障建设至今未能成环。

生态屏障建设是一项系统工程，其采取的主要措施是合理增加植被覆盖率，改善陆地生态系统的结构，恢复并提高其生态功能，进而保护能够提供服务的自然生态系统或人工生态系统，防止其受到外界的干扰而服务功能减弱（王晓峰等，2016）。近年来，我国已经建立了不同类型的生态屏障，初步构建起我国的生态安全屏障体系，研发了生态屏障树种筛选、结构布局及建设技术，显著提升了生态系统的质量和稳定性，土地流失和土地荒漠化得到有效逆转，使生态环境得到一定的改善（陈宜瑜，2011；张燕婷，2014；孙鸿烈等，2012）。例如，"三北"防护林、天然林资源保护工程、退耕还林还草工程等，既改变了当地生态系统格局与过程（钟祥浩、刘淑珍，2010），在提供一定的生态系统服务的同时（覃云斌等，2013；李双成，2014；Ouyang et al.，2016），也促进了区域生态系统功能的恢复提升（Feng et al.，2013；Jia et al.，2014），提前实现了联合国提出的到 2030 年实现土地退化零增长目标。中国目前已有的生态屏障建设工程案例与成功经验能够为"一带一路"沿线地区的荒漠化治理提供技术道路和技术模式。因此，在梳理哈萨克斯坦首都圈生态屏障建设瓶颈问题的同时，聚焦于荒漠草原区生态屏障建设技术研发，在此基础上优化集成亚寒带荒漠草原区生态屏障建设技术体系，旨在响应与践行绿色"一带一路"倡议，推进成熟的防风固沙技术应用与推广。

二、主要内容

1. 攻克亚寒带低温强风育苗难题，发展了高抗逆性适宜植物种选育技术

哈萨克斯坦首都圈现有的生态屏障建设适宜树种有 27 种乔灌木，其中，针叶林占 4.0%，硬阔叶林占 37.9%，软阔叶林占 25.5%，其他乔木占 13.1%，灌木占 19.5%。但是真正用于首都圈生态屏障建设的树种却比较单一，主要种植的乔木包括复叶槭、白桦、杨树、沙枣、白榆等，种植的灌木包括忍冬、樱桃、黑加仑、丁香等。因此，针对阿斯塔纳首都圈低温、盐碱、干旱等生态问题，引入中国高抗逆性适宜植物 32 种。依据植物抗逆性、生长表现等指标对引种植物进行适应性评价，筛选出 12 种生态屏障建设适宜植物。在此基础上，开展了适宜植物繁育技术，攻克了亚寒带低温强风育苗技术难题，建成了植物引种筛选繁育基地 3.3 公顷，繁育苗木 30 万株。高抗逆植物选育技术极大丰富了生态屏障建设树种，可直接应用于哈萨克斯坦首都圈生态屏障建设工程。

2. 研发了首都圈困难立地造林技术，建成城市生态屏障试验示范区

哈萨克斯坦首都圈属亚寒带强风区荒漠草原，土壤类型以栗钙土为主，夹石、碱化、石灰性等劣质土占50%，生态屏障建设规划区存在一些沼泽地、干旱坡地及盐渍化土地等困难立地条件。盐碱地面积大、含盐量高、困难立地类型复杂是哈萨克斯坦首都圈生态屏障至今未能成环最直接的制约因素。因此，针对首都圈丘陵地（北部和东北部）、伊希姆河河漫滩地（河上阶地）、伊希姆河河漫滩阶地地形、土壤类型、地下水矿化度等因素，划分不同土壤立地类型区。基于砾质荒漠、干旱坡地及重盐碱地困难立地条件，突破不同困难立地类型区限制因素，构建砾质荒漠免灌、微地形改造＋耐盐植物、低洼地积水不同困难立地类型区生态屏障建设技术。

3. 基于土壤水分植被承载力，优化林带结构布局及管护技术

聚焦生态屏障水分供给与植物供耗特征和林带水量平衡，模拟了不同情景下哈萨克斯坦首都圈植被净生产力的时空变化，定量分析了人类活动和气候变化对该地区植被净生产力的影响；探究了首都圈周边潜在蒸散量时空分布特征及其驱动因素，探讨了哈萨克斯坦首都圈地区实施生态屏障后环境因子对潜在蒸散量的影响。查明了首都圈生态屏障不同区域的防风效能、林带间的有效防护比及林带后的有效防护面积。在此基础上，提出了"优化树种配置-降低初植密度-提升生态功能"的不同区域林种配置结构优化技术及不同种植密度、不同间伐措施的生态屏障抚育管护技术。

三、主要创新之处

哈萨克斯坦经过近20年的不懈努力，目前已经在阿斯塔纳周边荒漠草原地带营造了10万公顷的生态屏障，创造了人类改造自然的伟大壮举，为阿斯塔纳周边的生态环境改善发挥了重要作用。然而，尽管哈萨克斯坦造林局经过多年的探索创新，形成了从土地翻整、苗木培育、机械化造林到维护管理等植树造林技术体系和施工模式，但亚寒带荒漠草原区大范围植树造林毕竟没有成功的经验可以借鉴，生态屏障的建设和可持续仍面临诸多技术瓶颈问题。

因此，基于哈萨克斯坦首都圈气候环境背景，结合中国成熟的生态屏障建设技术，突破哈萨克斯坦首都圈寒冷、大风、盐碱地及低洼地积水等障碍因子，研发形成了低温苗木雪藏假植、低洼地积水微地形改造造林、砾质荒漠坡地免灌造林、干旱坡地造林、盐碱地土壤改良造林等困难立地造林关键技术，提出了"六行一带、乔灌结合"林带优化结构模式和林木抚育间伐管护方案，建成了23公顷生态屏障试验示范基地，编制并提交了《哈萨克斯坦首都圈生态屏障建设技术规程》，推动了哈萨克斯坦首都圈生态屏障进程。

1. 耐寒耐盐高抗逆性植物引种筛选繁育技术

基于哈萨克斯坦首都冬季漫长寒冷、夏天炎热高温、生长季短、生态屏障建设树种单一等特点，引入了中国耐寒耐盐耐旱等高抗逆植物32种，分别隶属豆科、藜科、茶藨子科、紫葳科、无患子科、木樨科、榆科、蔷薇科、杨柳科、柽柳科等10科。在此基础上，依据植物抗逆性、生长表现等指标对引种植物进行适应性评价，初步筛选出适应性较好的生态屏障建设植物种柽柳、金叶榆、紫穗槐、旱柳等12种，相继建成林业委员会苗圃种源基地、塞弗林农业技术大学试验引种筛选基地及阿克阔林场中国植物资源圃，面积达3.3公顷。

为了满足哈萨克斯坦生态屏障中、重度盐渍化建设区苗木需求，基于引种植物与哈萨克斯坦现有植物生物学特性、适宜立地条件以及耐盐性等参考指标，在连续两年引种筛选基础上，选择柽柳、旱柳、沙枣等植物，与哈萨克斯坦阿斯塔纳造林局联合开展了温室扦插育苗和大田育苗，繁育生态屏障建设树种 30 万株，对首都圈生态屏障工程植物种起到了有益补充。

2. 苗木雪藏低温保护技术

针对哈萨克斯坦首都圈春季低温、积雪融化慢、造林时间晚等特点，对于起苗后不马上出圃造林的苗木，应立即进行贮藏，其目的是使苗木保持休眠状态，降低生理活动强度，减少水分的消耗和散失，既能保持苗木活力，又能推迟苗木萌发，延长造林时间。

实施方法：①选择地势较高、排水良好平坦地堆积积雪，底部积雪厚度 20 厘米以上；②将实生苗捆扎后均匀放置积雪上，用积雪埋没压实；③在雪堆上覆盖植物秸秆，后期种植期延迟，也可在秸秆上面再次覆盖 15～20 厘米厚的土层；④雪藏期平均温度 0～±3℃，可以贮藏至 6 月上旬。

3. 低洼地积水微地形改造造林技术

首都圈周边低洼地，原生植物主要有芦苇、柳树等，对于低洼地的生态建设和生态防护主要秉持的原则应该是生态保育及以原生植物的利用为主，避免过多的工程行为，从而维护生态环境，为野生动物提供良好的栖息地。

该区整体地形较低，为区域汇水中心，有常年的积水小型湖塘，春季地表汇集有融雪水。通透性差，再加上春季低温，不利于植物的存活和生长。土壤渗透性也较差，土壤通气性差。

鉴于对方要求进行低洼地的生态造林需求，提出低洼地微地形改造造林技术：①利用地势，在最低洼处营造一个积水塘或者人工小湖；②积水塘或者人工小湖周边开沟起垄，在湿地上建立局部干地；③在干垄上栽种耐湿、耐低温树种；④选择树种，以灌木类为主，兼用乔木和多年生草本植物（柽柳、沙枣、柳树等）；⑤树种搭配，柽柳＋柽柳＋柳树，柽柳＋柳树＋沙枣，柳树＋柳树＋沙枣。

4. 砾质荒漠坡地免灌造林技术

具体办法：①机械开沟：使用开沟机或者挖掘机，沟深 100 厘米，宽 60 厘米，打破砾质硬层。②过筛：采用长轴 4 厘米左右的菱形钢筛，将开沟出来的砾质土过筛，细颗粒留在沟内，粗颗粒堆积在沟两侧，作为起垄用。③客土：对于粗砾质土，就可以考虑客土，将周边低地的优质土挖过来，填入沟中，一般可以考虑填充 4/5 即可。④施加有机肥，进行混合后即可以进行植树；或者可以在基底层施加有机肥，然后进行种植。⑤树种选择：沙枣、榆树、复叶槭、怪柳、黑加仑等，可以选择 2～3 年的稍大苗木植入，待存活后再进行正常的管理。⑥树种搭配：黑加仑＋沙枣＋榆树＋沙枣＋黑加仑，株间距 4 米，行间距 6 米［黑加仑（灌木类）株距 2 米］；沙枣＋复叶槭＋复叶槭＋沙枣；沙棘＋复叶槭＋复叶槭＋沙棘；白蜡＋复叶槭＋复叶槭＋白蜡；沙枣＋樟子松＋杨树＋樟子松；樟子松＋白桦＋白桦＋樟子松；黑加仑＋复叶槭＋白桦＋复叶槭＋黑加仑；沙枣＋复叶槭＋榆树；其他灌木类：接骨木、花楸、怪柳、忍冬等也可以考虑。

5. 干旱坡地造林技术

首都圈周边部分缓倾斜坡地，由于风吹坡地造成积雪少，土壤里用积雪水分来源少，夏季干旱缺水，导致已种植的柳树生长 2～3 年后缺水干旱死亡。

具体办法：①坡地沿着等高线开沟造林：沟宽 40～60 厘米，深 40～50 厘米，挖土堆放在低侧成垄，用于截留水分和积雪。②营造带林：3～4 行即可，株间距 3～4 米，行间隔 4～6 米，林带间隔 20～30 米。③树种选择：榆树、复叶槭、沙枣、黑加仑、酸枣。④树种配置：榆树＋复叶槭＋榆树；沙枣＋榆树＋沙枣；黑加仑＋沙枣＋沙枣＋黑加仑；酸枣＋榆树＋榆树＋酸枣。⑤初值后管理：利用春季积水造林，造林后及时补灌一水即可。对于没有存活的树木给予及时补植。

6. 盐碱地土壤改良造林技术

首都圈生态屏障建设区土壤质地砾质混合，盐碱化严重，植物根系难以下扎，植物存活低，易造成生长受阻。冬季易堆积积雪，春季融雪水和夏季降雨形成的地表径流汇聚于此，加之土壤透水性差，形成短期积水；随着气温升高，土壤水分强烈蒸发，土壤表层干燥，盐分聚集。另外，荒漠草原区大多地势低平，土体又普遍存在钙结层，待春季积雪融化后，造成局部排水不畅，土壤表层积水；再加上蒸发作用，夏季返盐，土壤板结、盐渍化严重，常规造林效果极差。

具体方法为：①开沟排水，降低地下水位（部分地段积水是由于排水不畅造成，和地下水位没有直接关系）。利用地势开沟，将积水排出。②微地形改造，设置梯形垄，每三个相邻的梯形垄为一个种植带；每两个种植带之间的间距为 4 米；能够改变盐分分布范围，使种植植物根系分布于盐渍化程度较轻的土体内，创造微域低盐小环境。③利用磷石膏对亚寒带荒漠草原重盐渍地的土壤进行改良，在每个梯形垄的上面挖两行种植穴，将挖出的土壤和磷石膏按照 5~7:1 的质量比混合，得到改良土；既能够缓解土壤盐碱化程度，又能够补充土壤钙离子，控制土壤中钠离子吸附比重，减缓植物盐害。④在种植穴内和种植带间种植植物，将改良土回填到种植穴内后压实；每个种植带内，中间的梯形垄种植耐盐抗逆性乔木，两侧的梯形垄种植耐盐抗逆性灌木，每个种植穴种植 1 株；每两个种植带间的区域种植高富盐盐生草木。⑤树种搭配：沙枣＋榆树＋榆树＋沙枣，株间距 4 米，行间距 6 米；沙枣＋榆树＋沙枣，株间距 4 米，行间距 6 米；黑加仑＋沙枣＋榆树＋沙枣＋黑加仑株；植株间距 4 米，行间距 6 米（黑加仑株距 2 米）。

7. 林种结构配置优化技术

由于亚寒带强风荒漠草原区的特殊气候因素，冬季漫长而严寒，暖季短促，气温年较差特别大，降水稀少，大风天气频繁。经过中哈科学家联合考察发现，现有营建防护林方法面临初植密度大、结构配置技术不当，易对生态屏障造成以下影响：①影响林带内林木的生长速度；②林木易于过早衰退；③林带易发生病虫害；④缩短生态屏障的有效防护年限；⑤降低生态屏障的生态和防护效益。因此，以区域水资源平衡、生态需水量理论为基础，将防护物种低密度种植技术与当地林水关系优化协调，实现生态屏障防护效益与林带可持续发展，是解决哈萨克斯坦首都圈生态屏障可持续的关键技术。

以城市防护效益与区域生态效益为核心，通过建立由乔灌不同种植物组成的种植带，依据不同物种的生物生态学特性，利用带状行间混交种植技术，林带布局方案合理优化，形成荒漠草原区的人工防护林。具体实施：①降低初植密度：基于土壤条件及当地降雨量资料，在采取带状防护林基础上，将原有规划的株距由1米改为2米，行距保持4米。②采用乔、灌结合带状混交造林。一带6行，中间2行种植沙枣，沙枣两侧种植复叶槭，复叶槭两侧种植黑加仑树种，形成乔木在中间、灌木两侧的乔灌树种"山"字形结合模式。③林带间间距12米，这样不仅可以保证树木根系的充分扩展，吸取足够的水分，而且可以促进植物快速生长，快速达到防护效果。

四、价值与意义

1. 首都圈生态屏障示范区建设与成效

针对中亚哈萨克斯坦首都圈的环境条件，形成了亚寒带困难立地造林优化关键技术造林技术，研发形成的高抗逆性生态屏障植物选育技术、苗木雪藏低温保护技术、亚寒带荒漠草原区困难立地造林技术与防护林植物优化配置结构模式等，在首都圈周边建成了23公顷生态屏障试验示范基地，推广面积达10 000公顷以上。编制形成了首都圈生态屏障建设技术体系规程等创新成果，丰富了生态屏障建设技术体系，为"一带一路"城市生态屏障建设提供了范例，提升了我国在荒漠化防治领域的国际声誉。

2. 社会影响

项目执行期间，哈萨克斯坦主流媒体巴哈尔电视台、哈萨克斯坦"绿环工程"纪录片均作了报道。哈萨克斯坦农业部副部长转达了哈萨克斯坦总统对生态防护林建设领域合作的关注。总统认为，中国在生态环境领域有着丰富的经验，一定要加强与中方的合作。希望中哈双方科学家就阿斯塔纳首都防护林建设中出现的科学问题、植物引种和种植技术以及可持续管理等方面继续开展深入的研究与合作。

哈萨克斯坦首都圈生态屏障建设技术成果成功入选国家"十三五"科技成就展，该技术成果作为全球可持续发展目标（SDG15）优秀案例被联合国南南合作办公室"南南合作与南北合作优秀案例"成功收录。中新社《丝路新观察》等媒体平台、中国中央电视台"丝绸之路"摄制组专门赴哈萨克斯坦，对项目实施过程进行了跟踪拍摄和报道。

参 考 文 献

Feng, X., Fu, B., Lu, N., et al. How ecological restoration alters ecosystem services: an analysis of carbon sequestration in China's Loess Plateau. *Scientific Reports*, 2013, 3: 2846.

Jia, X., Fu, B., Feng, X., et al. The tradeoff and synergy between ecosystem services in the grain foe green areas in northern Shaanxi, China. *Ecological Indicators*, 2014, 43: 103-113.

Ouyang, Z., Zheng, H., Xiao, Y., et al. Improvements in ecosystem services from investments in natural capital. *Science*, 2016, 352 (6292): 1455-1459.

陈宜瑜：《中国生态系统服务与管理战略》，中国环境科学出版社，2011年。

崔鹏、邹强、陈曦等："'一带一路'自然灾害风险与综合减灾"，《中国科学院院刊》，2018年第Z2期。

郭华东、肖函："'一带一路'的空间观测与'数字丝路'构建"，《中国科学院院刊》，2016年第5期。

李双成：《生态系统服务地理学》，科学出版社，2014年。

孙鸿烈、郑度、姚檀栋等："青藏高原国家生态安全屏障保护与建设"，《地理学报》，2012年第1期。

覃云斌、信忠保、易扬等："京津风沙源治理工程区沙尘暴时空变化及其与植被恢复关系"，《农业工程学报》，2013年第24期。

王晓峰、尹礼唱、张园等："关于生态屏障若干问题的探讨"，《生态环境学报》，2016年第12期。

姚檀栋、陈发虎、崔鹏等："从青藏高原到第三极和泛第三极"，《中国科学院院刊》，2017年第9期。

张燕婷："北方防沙带土地利用格局演变特征及防风固沙功能变化评估研究"（博士论文），江西财经大学，2014年。

钟祥浩、刘淑珍："科学构建中国山地生态安全屏障体系确保国家生态环境安全"，载中国环境科学学会：《2010中国环境科学学会学术年会论文集（第一卷）》，中国环境科学学会，2010年。

中俄原油管道冻土灾害防控技术及应用*

一、成果背景

中俄原油管道是中蒙俄经济走廊建设的重要组成部分。该管道分两期建设，一线和二线分别于2011年1月和2018年1月正式运营，年输油能力为3 000万吨，承担了我国58%的陆上原油进口重任。截至2022年10月1日，累计输送原油近2.5亿吨，对于保障国家能源安全、优化油品供输格局、推进中蒙俄经济走廊建设、深化中俄战略合作及促进经济社会发展等方面都做出了重要贡献（李国玉等，2015）。

中俄原油管道总长1 030千米，起自俄罗斯东西伯利亚-太平洋输油管道的斯科沃罗季诺输油站，从我国漠河兴安入境，自北向南沿大兴安岭东坡延伸，穿越嫩江平原，止于大庆林源输油站。管道敷设方式采用传统沟埋敷设，在多年冻土区埋深为1.6~2.0米，采用常温密闭输送工艺输送俄罗斯低凝原油。管道在中国境内全长

---

* 主要完成人：李国玉、马巍、曹亚鹏、陈敦、俞祁浩、周志伟，中国科学院西北生态环境资源研究院；李泽红、董锁成，中国科学院地理科学与资源研究所。

953千米,穿越漠河-加格达奇约441千米的不连续多年冻土区和加格达奇-大庆约512千米的深季节冻土区(冻深>1.5米)。其中,在多年冻土段,高温高含冰量冻土区为119千米,冻土沼泽湿地区为50千米(Jin,2010;Jin et al.,2010)。

管道修建之初面临多年冻土退化、严寒低温环境和脆弱生态三大挑战,同时还面临运营油温高、冻土调控深度大、水热侵蚀强等难题。中俄原油管道沿线多年冻土温度高(从北向南冻土温度为－1.8～－0.7℃)、含冰量大(最大体积含冰量高达80%～90%),且分布不连续(从南向北连续性从0～20%到60%～70%变化)。冻土热稳定性差,对环境扰动较为敏感,退化快,这使得冻土的保护变得更为困难。美国阿拉斯加(Trans-Alaska)原油管道大约有一半长度的管道采用热管桩支撑进行地上"架空敷设",对冻土热扰动小。加拿大诺曼韦尔斯(Norman Wells)原油管道采用埋地敷设,其管径小(外径323.9毫米)、油温低,原油自入口输送50千米以后油温基本受周围土体控制而相对稳定。

而中俄原油管道考虑到防火等因素,采用埋地方式铺设,经过大片森林(覆盖率70%)、湿地和许多村镇,大开挖施工(深2.5～6米,宽2～3米)暴露多年冻土且管沟积水,引起了地下冰融化。因此,如何合理进行管沟开挖和管道敷设,对沿线多年冻土和北方林区与沼泽的生态环境保护是一大挑战。另外,管道全年常温运营,相当于内热源,持续向管周冻土放热(2022年监测油温为6.00～30.54℃)。相较于地上冻土工程(如青藏铁路、青藏公路等),埋地管道高油温热扰动更直接、更剧烈。因此,管底多年冻土融化深度大(2022年管底融化深度约13.9米),加大了管道融沉灾害和冻土环境系统破坏的风险(Wang et al.,2019),而且管道沿线冬季严寒(漠河最低气温达－53℃)、降雪量大(漠河多年平均降雪量35厘米),夏季气温较高(漠河最高气温可达35.2℃)、降雨量大（漠河多年平均降雨量 500 毫米），管道经历强烈大温差冻融作用，容易导致材料疲劳损伤、焊接口破坏。另外，管道沿线区域地表水和地下水丰富，地下水位高，水系对冻土热侵蚀大。管道沿线沼泽广布、森林茂密，冻土与融区频繁过渡，且沿线冻融敏感性土（浅层细粒土和泥炭土）分布广泛，管道（差异性）冻胀和融沉风险普遍较大。中俄原油管道某一监测场地显示，截至2022年，管道附近最大冻土融深 13.9 米，与冻土公路、铁路及输电线路等工程冻土地温调控深度（小于 6 米）相比增加 131.7%。因此，如何调控如此深度的冻土地温是中俄原油管道运营面临的严峻挑战之一。

为解决上述问题，基于中俄原油管道相关研究经验，在中国科学院"丝路环境"专项的支持下，本研究团队创新性地提出了冻土调控原则和系统性解决方案，保障了中俄原油管道 12 年无间断安全运营、生态恢复良好和无污染事件发生，同时为国内外寒区管道工程修建、运营及维护提供参考和技术方案（李国玉等，2021）。

二、主要内容

1. 提出了适用于中俄原油管道的冻土地温调控原则

由于中俄管道运营油温较高且逐年升高，很难控制埋地管道周围冻土不融化；另外，由于钢管延展（柔韧）性较好，管道所能承受的差异性融沉变形较大。据相关研究，管道在一定条件下最大差异融沉变形可达 140 厘米（李国玉等，2016）；同时，中俄原油管道沿线工程地质条件较好，管道沿线冻胀敏感性细颗粒土较薄（小于 3.9 米），粗颗粒土较厚（3.9 米以下），管道下部大多为砾砂层和基岩层。砾砂和基岩的融沉系数小，管道下部即使部分冻土融化，融沉变形也相对较小。因此，为大幅减小管道建设和运营成本，区别于青藏铁路、青藏公路和美国阿拉斯加原油管道等冻土工程采用的"冷却降温"的冻土地温调控原则，中俄原油管道提出了"控制融化"的冻土地温调控原则，即控制管底冻土发生适量融化，使管道变形在容许变形范围内，还可保证管道安全稳定运行。

2. 提出了基于应变空间强度准则的冻土管道设计方法

本研究基于"控制融化"冻土地温调控原则提出了基于应变空间强度准则的冻土管道设计方法，该方法来源于材料极限状态设计思想。管道极限状态一般分为适用极限和临界极限（图 11-1），适用极限状态指能够保持管道一定使用功能的极限状态，而临界极限状态指管道完全失去功能的极限状态。理论上，管道达到临界极限状态前均应该是适用的，但安全考虑，为防止管道达到临界极限状态。类似于基于应力设计时采用设计系数一样，上述规范设定了适用极限状态，允许管道的应力达到或超过屈服应力而进入弹塑性状态，但不会达到临界极限状态，仍能维持管道运行，不会引起管道破坏。为此，提出了基于应变的管道强度设计方法。当处于适用极限状态的管材已经超过屈服极限而处于塑性变形阶段时，管材的应力应变曲线比较平缓，如仍采用应力作为控制参量，微小的应力误差将产生较大的应变误差，很容易使管道达到临界极限状态。因

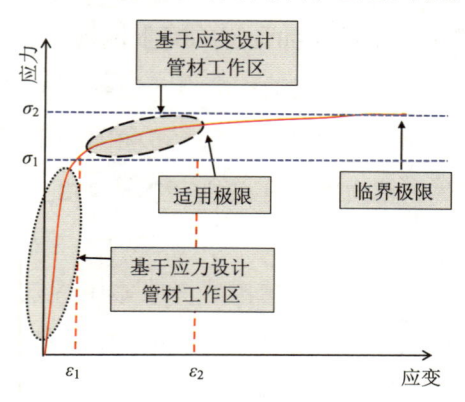

图 11-1 应力设计与应变设计的差异

此，可以将管道应变（变形）作为地表变形较大区域（如冻土、地震、滑坡等区域）管道设计的控制参量。

基于中俄原油管道在实际服役工况的受力变形条件，充分考虑冻胀效应、油压效应和热应力效应对输油管道的影响，结合轴向应变设计理论准则，建立了与冻融过渡段长度、壁厚、油压等有关的管道极限服役状态，得到了对应的 24 种工况下输油管道的许应最大极限冻胀变形量（表 11-1），为管道设计提供重要参数。如表 11-1 所示，在相同过渡带长度和油压下，随管壁增加，许应最大冻胀变形量减小。在相同过渡带长度和管壁厚度下随油压减小，许应最大冻胀变形量增大，在 7~12 兆帕油压范围内壁厚为 17.5 毫米的油管许应最大冻胀变形量增长率约 50%，但随着管壁的减小，增长率也逐渐减小。

表 11-1 不同条件下管道的许应最大冻胀量

l（米）	p_i（兆帕）	t（毫米）			
		12	14.2	16	17.5
10	7	71	68	66	61
	8	68	66	63	58
	9	65	63	59	54
	10	62	60	56	49
	11	59	57	52	46
	12	57	54	49	42
20	7	284	275	265	247
	8	272	262	251	232
	9	261	251	236	217
	10	249	238	224	197
	11	236	225	208	183
	12	225	213	195	167

续表

l (米)	p_i (兆帕)	t (毫米)			
		12	14.2	16	17.5
30	7	639	622	596	557
	8	612	591	565	520
	9	588	564	531	488
	10	560	537	504	444
	11	532	509	469	413
	12	508	473	439	375
40	7	1 137	1 013	1 061	990
	8	1 085	1 049	1 006	929
	9	1 045	999	945	868
	10	996	952	896	789
	11	945	903	835	735
	12	903	847	780	668

基于应变的管道强度设计方法可以更好地利用钢管的延展性，针对管道穿越变形较大的区域进行管道特殊设计，这种设计方法不仅补充完善了较为保守的基于应力的管道设计方法，而且节省了大量的工程建设费用。

3. 研发了管道冻土灾害成套防控技术，建成技术示范应用区

基于"控制融化"的冻土地温调控原则，从调控管道、管基土地温等角度出发，利用自然冷能，创新研发了多种冻土融化防控新技术；利用现场示范工程、室内模型试验和数值仿真试验验证其工程效果并优化设计参数，结合传统的冻土处理技术，形成了一整套中俄原油管道的冻土融沉灾害防控技术。同时，在中俄原油管道沿线建立了完整的水-热-变形长期监测系统，提供了实时监测数据以保障中俄原油管道的安全、稳定运营。建成技术示范应用区，对冻土灾害防控技术进行现场推广应用。

三、管道冻土灾害防控技术创新

在"控制融化"冻土地温调控原则基础之上，综合考虑管道沿线气候条件、冻土地质条件、水文系统以及经济效益和工程实效因素，科学合理地控制管道权利范围内冻土环境和油温，研发了新的冷却、散热装置，增加管基承载力和提高管材强度及柔韧性，形成了一整套管道冻土灾害防控技术体系（李国玉等，2021）。

1. 增加管道壁厚

增加壁厚，可以直接提高管道的强度、柔韧性以及抗变形和抗破坏的能力。在非多年冻土区，中俄原油管道壁厚为11.9毫米；而在多年冻土区，根据不同含冰量和融沉敏感性，管道壁厚增加到12.5~17.5毫米，显著提高了管道抗冻胀和融沉差异性变形能力，该措施在整个多年冻土区普遍采用。

2. 控制油温

调控入口油温，使油温尽可能与管道周围土体温度保持一致，可减少管道热量向冻土层传递，以减小多年冻土的融化。2022年夏季，中俄原油管道境内段漠河首站（兴安镇）附近油温最高达30.54℃，可通过采取管道入口原油冷却或管道穿越低温河流等措施降低入口油温，减少冻土融化。

3. 换填冻融敏感性土

中俄原油管道沿线地表浅层广泛分布有冻胀敏感性土和融化不稳定多年冻土，如细颗粒含量较高的黏粉质砂土和泥炭土。当此类冻土含冰量较高时，冻土融化或回冻会发生较大的变形，对管道造成安全风险。中俄原油管道采用非冻胀敏感性土换填，提高了管基土融化后的承载力，减小了管基土融沉变形且降低了管道融沉灾害风险，该措施在整个多年冻土区得到了广泛应用（李国玉等，2021）。

4. 调控冻土温度

（1）恢复地表植被

中俄原油管道多年冻土区管道敷设完成后，对管堤和管道权利范围内施工扰动的地表进行植被恢复（复种）（杨思忠等，2008），能够改变地-气界面水热交换条件，减小地表吸热，降低地表温度，从而显著减少冻土融化和管道差异性融沉变形。同时，植被恢复能够全面改善受管道施工影响的生态环境。

（2）热管

热管是一种封闭气-液两相对流循环换热装置。冷季可以将自然界中的冷量传输到冻土层中，降低冻土温度，减缓冻土融化；暖季热管停止工作，仅有少量热量通过热传导传入地下，在一整年内，冻土散热量大于吸热量，从而达到降温的目的（Wang et al.，2018；Cao et al.，2023）。该研究利用现场示范、室内试验及数值仿真试验进行热管降温效果的验证，并对其参数进行了优化设计，通过改变热管形状、长度、直径、数量和纵向间距等参数调控热管降温效果。如数值模拟表明L形热管下，4米深度处地温年平均值较之垂直热管低0.2℃，且横向冷却范围显著增大。2019年冷季，某一现场监测数据表明，热管措施断面在3米深度处地温比无热管措施断面低2.5℃左右。

（3）纵向通风管

纵向通风管是一种平行埋设于油管两侧的通风换热系统，由纵向通风管和保温层组成（图11-2），主要起散热和降温作用。当油管周围土体温度高于通风管内空气温度时，通风管发生自然对流换热，将油管散发的热量释放到大气环境中，同时将冷空气带入到地下，散热的同时降低油管周围土体温度，从而减缓冻土融化。当油管周围土体温度低于通风管内空气温度时,通风管类似热管停止工作。当冷季风速较大时,通风管可以通过强迫对流的方式将大气环境中冷量带入到地下,释放油管带来的热量,减缓冻土融化。另外,油管底部保温层可以减少油管热量向底部冻土层传递,减缓冻土融化。数值仿真试验表明,纵向通风管运营 20 年后,冻土融化深度可减小约 4 米。该结构适用在一些富冰、饱冰和含土冰层区及冻土生态保护区域。

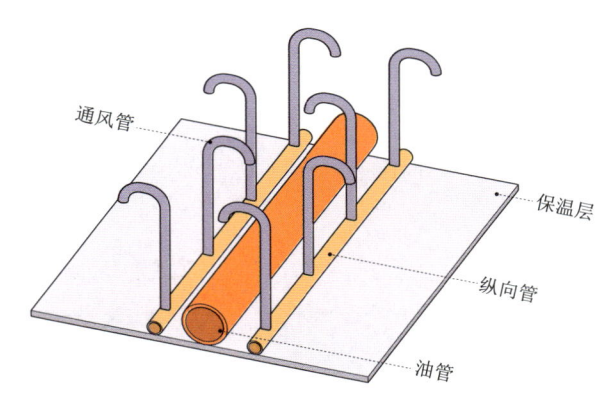

图 11-2 纵向通风管

(4) 横向 U 形通风管

横向 U 形通风管结构如图 11-3 所示,其降温原理和纵向通风管相似,适合于某一点或小范围管道降温 (Cao et al., 2021)。中俄原油管道在某一现场冻土湿地区域采用了管径为 21 厘米的 U 形通风管,监测发现 U 形通风管在冷季具有较好的冷却效果,冷季通风管附近地表以下 3.5 米地温比无通风管附近地温低 0.5℃左右。该措施适用于管道沿线富冰、饱冰和含土冰层区域。

(5) 横向 W 形通风管

W 形通风管是一种利用对流换热及风机抽吸联合作用换热的装置,主要由左右进风管、中部排风管以及无动力风机组成,呈 W

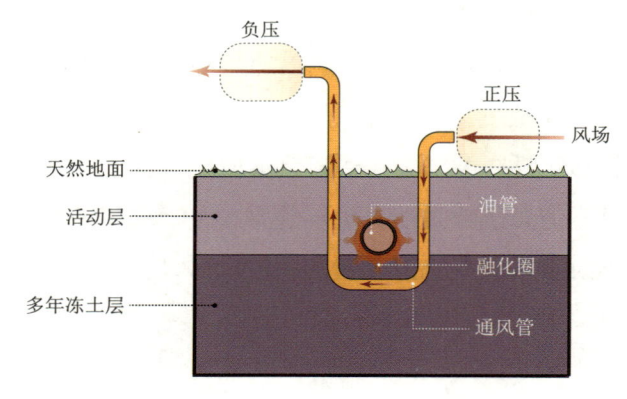

图 11-3　横向 U 形通风管

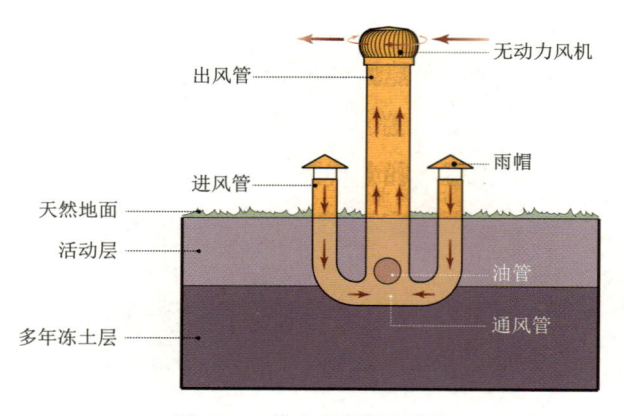

图 11-4　横向 W 形通风管

形（图 11-4）。在冷季无风时，油管温度高于中部排风管内空气温度时，排风管内空气在油管加热作用下上浮，发生自然对流换热，进而驱动无动力风机旋转，抽吸通风管内空气流动，加速对流换热；在冷季有风时，自然风场带动无动力风机旋转，抽吸排风管内空气，加速管内空气流动，从而将油管散发的热量快速释放到大气环境中，同时也将大气环境中冷量传入到管道周围土体中，从而减缓冻土融化。在暖季，风速较小且气温较高，横向 W 形通风管类似于横向 U 形和纵向通风管停止工作，仅有少量的热量传递到地下冻土层中。室内大型模型试验结果发现，在第六个冻融周期时，W形通风管管底25厘米处地温较无W形通风管地温低2.4℃左右。该措施适用于管道沿线饱冰和含土冰层区域。

（6）管道保温

管道保温可直接、显著减少管道与冻土层间热量交换，减缓冻土融化，是一种经济合理和效果明显的措施。在中俄原油管道沿线多年冻土区段，管道周围几乎都铺设了8厘米厚保温材料（硬质聚氨酯泡沫塑料），该措施显著减小了冻土的融化范围和速率。数值仿真试验研究发现，铺设8厘米厚保温材料的管道周围冻土在50年后融化深度是无保温层管道的一半。在饱冰及含土冰层等区段，保温层与其他措施相结合组成复合措施，如保温＋换填、保温＋增加壁厚、保温＋热管、保温＋U形横向通风管、保温＋换填＋增加壁厚等，冻土融化防控效果更好。

（7）通风冷垫系统

通风冷垫系统（图11-5）是一种利用通风管散热和冷媒相变潜热储能相结合的装置，既能控制融沉又能避免冻胀（李国玉等，

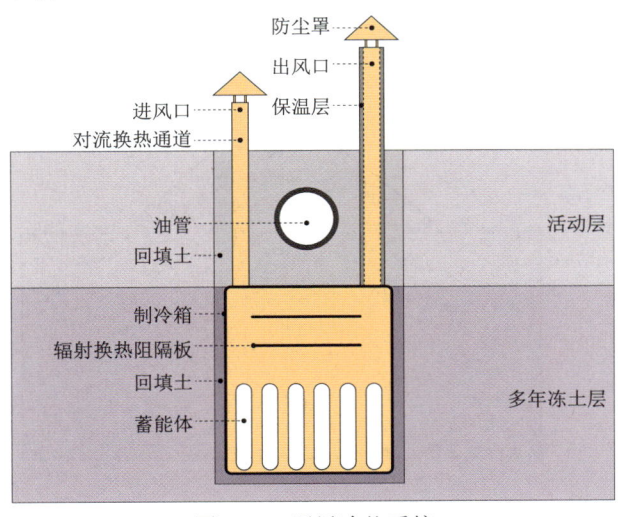

图11-5 通风冷垫系统

2020)。主要由左右对流换热通道、制冷箱体以及蓄能体三个部分组成。该结构在冷季换热机理和通风管相似，只是在冷季降温时，当蓄能体在温度低于相变温度时蓄能体发生相变并放热，阻止箱内温度进一步降低，从而调控管道周围冻土温度过低引发冻胀现象。暖季通风管也停止工作，仅少量热量通过热传导进入地下制冷箱和冻土层，使其温度缓慢升高。如果有较多的热量进入该系统，蓄能体温度在高于或接近其相变温度时，蓄能体首先发生相变并吸热，减缓箱体底部冻土融化。数值仿真试验研究发现，通风冷垫系统具有较好的冻土融化调控效果。

（8）块石管堤

块石管堤是一种地上管道敷设结构（图11-6），该结构可避免管沟开挖和冻土扰动，同时可避免森林火灾对管道影响。管道铺设在块碎石层上部冻胀融沉非敏感性粗颗粒土层中，避免了季节性的冻胀和融沉（Mu et al.，2020）。块碎石层通过空气对流可以散发油管热量，也可以降低管堤下部土体温度，从而减缓冻土融化和管道融沉变形。数值仿真研究发现，管道运营50年后，块碎石管堤底部冻土最大融深是传统埋地式的44%，室内大型模型试验研究发

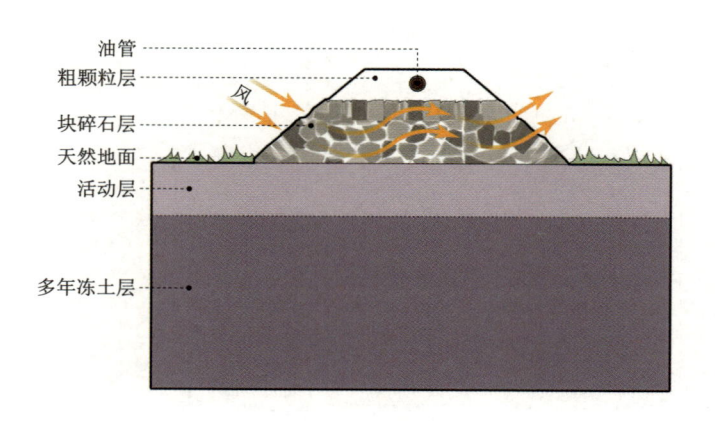

图11-6 块石管堤

现，当管道运营至第六个冻融周期时，块碎石管堤底部冻土最大融深是传统埋地式的 16.5%，说明该措施管底冻土融化控制效果较好。该措施适用于管道沿线富冰、饱冰和含土冰层包括冻土湿地等区段。

5. 管道支撑

（1）热管＋砂袋支撑

热管＋砂袋支撑技术（图 11-7）由两侧热管（间距 3 米）和管道部砂袋组成。可以沿管道方向（纵向）每隔 20 米安装一个热管＋砂袋支撑装置。砂袋用作支撑管道，热管可以降低砂袋周围土体地温且处于冻结状态，可有效弥补管道下部冻土融化后带来的支撑能力下降问题。室内离心机模型试验研究发现，热管＋砂袋支撑可有效减少管围冻土融化和减小管道的相对融沉量。有措施管道的沉降变形是无措施管道沉降变形的 45%；有措施管道管底融深大约为 1.6 倍管径，仅为无措施管道融深的 50% 左右，说明热管＋砂袋措施不仅有降温效果还对管道具有一定的支撑作用。

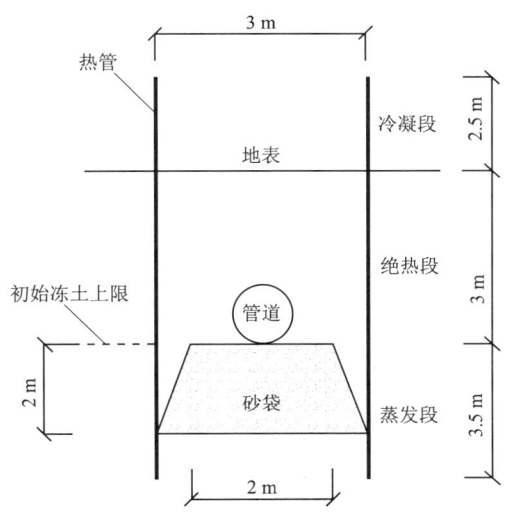

图 11-7 热管＋砂袋支撑结构

(2) 基于能量回收的管道固定系统

基于能量回收的管道固定系统既可用于管道的融沉灾害防治，又可为管道监测系统提供能源，保证监测系统的连续性及稳定性。该装置（图 11-8）通过管道保温及隔热，可有效减少管道热量向周围地层热传递，达到融沉防治的目的。隔热安装板由两层安装板和夹于安装板间的隔热板组成。安装板为金属板，隔热板为导热系数很小的硬质聚乙烯纤维板。可防止原油管道热量向周围冻土层的传递。同时管道周围设有方形气仓，也可有效阻止管道热量向周围地层传递。与此同时，该系统设有发电片，通过管道与环境温度温差发电，为太阳能板提供能源。

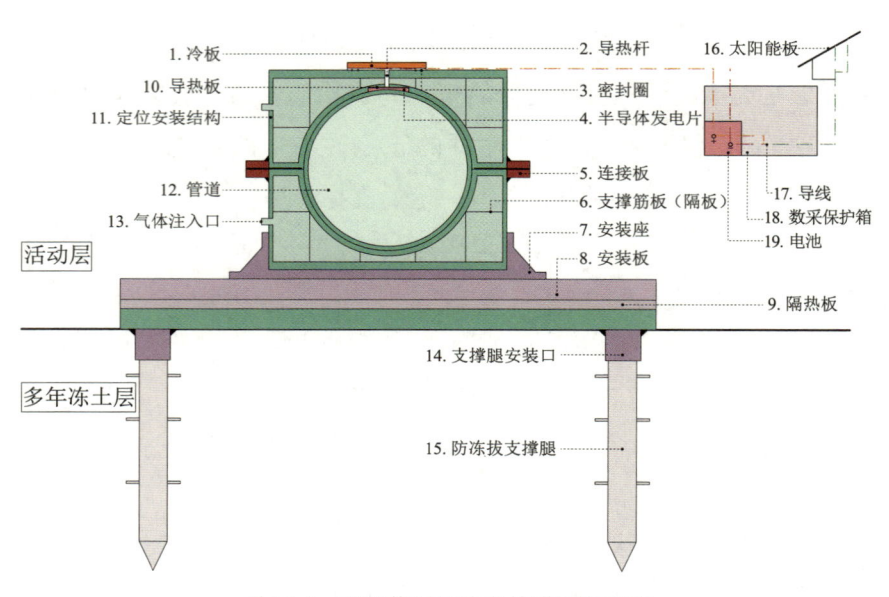

图 11-8 基于能量回收的管道固定系统

四、示范与社会影响

1. 示范区建设及成效

利用研发的冻土融沉灾害成套防治技术体系，结合现场的地形地貌、工程地质、水文地质、冻土特征等条件，选择三个场地（加格达奇、松岭和劲松），利用三种措施（热管、U形通风管、保温＋换填）进行示范并推广应用。基于现场热管示范场地监测研究，较好的地温调控效果使其在现场得到推广应用，中石油管道公司已在中俄原油管道沿线采用12 000多根（约60千米）热管来减缓管周冻土退化，其他措施如增加壁厚、保温、换填以及复合措施（保温＋换填）也在中俄原油管道沿线得到广泛采用，保温＋换填＋热管措施在中俄原油管道后期补强措施中得到推广使用。

2. 社会影响

（1）保障我国能源大通道安全运营

中俄原油管道的运营解决了我国石油长期对外依存度高的困局，实现了我国原油进口和运输方式的多元化，打破了马六甲海峡石油运输的"瓶颈"，强化了中俄能源战略合作，保障了我国经济社会可持续快速发展。

（2）践行"一带一路"绿色发展理念

"一带一路"建设六大经济走廊中的四个经济走廊都经历严重冻土问题，影响沿线基础设施安全运营和沿线国家经济社会的可持续发展。因此，开展中蒙俄经济走廊原油管道冻土灾害形成机理、冻土环境保护、冻土灾害防控技术研发及推广应用、冻土灾害防灾减灾韧性能力提升等研究是落实《"一带一路"防灾减灾与可持续发展北京宣言》的重要举措，是践行"一带一路"绿色发展理念的主要内容与实践行动，为推动沿线国家可持续发展、增进各国民生福祉提供中国方案，也为共建"一带一路"和促进各国共同繁荣提供有力的科技支撑。

（3）助力国际减少灾害风险框架实现

针对中俄原油管道冻土退化与冻土灾害防治难题，将科技创新与研究区实际需求相结合，开展中俄原油管道冻土保护与冻土灾害防治的技术研发集成，探索出适用于不同区域和不同冻土特性的技术体系和治理模式，推动技术应用与创新，使我国在原油管道冻土保护和冻土灾害防治方面的研究成果惠及世界，促进成熟的"中国方案"走向国际舞台，引领国际冻土保护与冻土灾害防治的理论探索和实践应用，落实国际减少灾害风险框架《横滨战略与行动计划》（1994）。

参 考 文 献

Cao, Y. P., Li, G. Y., Ma, W., et al. Permafrost degradation induced by warm-oil pipelines and analytical results of thermosyphon-based thawing mitigation. *Energy*, 2023, 269: 126836.

Cao, Y., Li, G., Wu, G., et al. Proposal of a new method for controlling the thaw of permafrost around the China-Russia crude oil pipeline and a preliminary study of its ventilation capacity. *Water*, 2021, 13 (20): 2908.

Jin, H. J., Hao, J. Q., Chang, X. L, et al. Zonation and assessment of frozen-ground conditions for engineering geology along the China-Russia crude oil pipeline route from Mo'he to Daqing, northeastern China. *Cold Regions Science and Technology*, 2010, 64 (3): 213-225.

Jin, H. J. Design and construction of a large-diameter crude oil pipeline in northeastern China: a special issue on permafrost pipeline. *Cold Regions Science and Technology*, 2010, 64 (3): 209-212.

Mu, Y. H., Li, G. Y., Ma, W., et al. Rapid permafrost thaw induced by heat loss from a buried warm-oil pipeline and a new mitigation measure combining seasonal air-cooled embankment and pipe insulation. *Energy*, 2020, 203: 117919.

Wang, F., Li, G. Y., Ma, W., et al. Permafrost thawing along the China-Russia crude oil pipeline and countermeasures: a case study in Jiagedaqi, northeast China. *Cold Regions Science and Technology*, 2018, 155: 308-313.

Wang, F., Li, G. Y., Ma, W., et al. Pipeline-permafrost interaction monitoring system along the China-Russia crude oil pipeline. *Engineering Geology*, 2019, 254: 113-125.

李国玉、曹亚鹏、王俊峰等:"一种多年冻土区保护埋设对象的冷垫系统:中国", 210127470, 2020-03-06。

李国玉、曹亚鹏、马巍等:"中俄原油管道冻土灾害问题及防控对策研究",《中国科学院院刊》, 2021 年第 2 期。

李国玉、马巍、王学力等:"中俄原油管道漠大线运营后面临一些冻害问题及防治措施建议",《岩土力学》, 2015 年第 10 期。

李国玉、马巍、周志伟等:"寒区输油管道基于应变设计的极限状态研究",《冰川冻土》, 2016 年第 4 期。

杨思忠、金会军、吉延峻等:"寒区线性工程沿线冻土区的植被恢复",《冰川冻土》, 2008 年第 5 期。

乌兹别克斯坦葱园建设*

一、成果背景

1. "一带一路"沿线国家生物多样性及其保护现状

在全球公认的34个生物多样性热点地区中,"一带一路"沿线国家就有11个热点地区,如中亚山地、高加索地区和东喜马拉雅山地等。在世界八大植物地理区中,"一带一路"地区占有四席,即泛北极植物区、东亚植物区、地中海植物区和古热带植物区。中亚地区是野核桃、野杏、野桃、野苹果、野樱桃、洋葱、郁金香等珍贵遗传资源的原生地。尽管存在区域和类型的差异,但是多数沿线国家的生态系统总体呈退化趋势,尤以高山生态系统、内陆淡水和湿地系统等受到的威胁最大。除了生境退化、过度开发外,外来物种入侵以及气候变化等因素成为未来的主要威胁,而且各类自然和人类威胁、直接和间接威胁多形成叠加效应。根据国际自然保护联盟的《濒危物种红色名录》的统计,在"一带一路"沿线地区中,中亚地区有约7%的植物种类受威胁,受威胁物种占本地区特有物种数的比例约为32.1%,过度采集、生境退化与破碎化、污染

---

* 主要完成人:邓涛、孙卫邦、孙航,中国科学院昆明植物研究所;杨永平,中国科学院西双版纳热带植物园。

是植物多样性丧失的主要原因。由于大多数沿线国家的资金投入有限且科技水平较低，植物多样性保持成效不显著。

全球葱园建设是中国和乌兹别克斯坦在生物多样性保护领域开展国际合作的成功范例。2021年10月，习近平主席在《生物多样性公约》第十五次缔约方大会领导人峰会上提出，中国将率先出资15亿元人民币，成立昆明生物多样性基金，支持发展中国家生物多样性保护事业。2022年12月，习近平主席在《生物多样性公约》第十五次缔约方大会第二阶段高级别会议开幕式上提出：中国将深化国际交流合作，依托"一带一路"绿色发展国际联盟，发挥好昆明生物多样性基金作用，向发展中国家提供力所能及的支持和帮助，推动全球生物多样性治理迈上新台阶。全球葱园建设将为凝聚生物多样性保护全球共识，践行"昆明-蒙特利尔全球生物多样性框架"，协同应对气候变化、生物多样性丧失等全球性挑战发挥引领和示范作用。

2. 全球葱属植物多样性及其分布

葱属（*Allium*）隶属于石蒜科（*Amaryllidaceae*）的一个植物类群，全球有1 000余种，主要分布于北温带，其中，地中海和中亚地区种类最为丰富。葱属植物是人类最重要的食用、药用和观赏植物之一，许多种类是日常食用的蔬菜和调味品，如洋葱、大蒜、红葱、葱、火葱、韭、宽叶韭、韭葱、薤头等，多数具有特殊的葱蒜气味，也是重要的药用和观赏植物资源。因此，开展葱属植物保护和利用研究具有重要的科学与应用价值。

乌兹别克斯坦的葱属植物种类非常丰富，初步统计有131种，隶属于5亚属和33组，包括*Porphyroprason*亚属、*Melanocrommyum*亚属、葱亚属、*Reticulatobulbosa*亚属和洋葱亚属。主要分布于该国的西捷安尚斯克区、西恰卡尔斯基区、阿拉善区、库拉明区、乌甘-普斯凯姆区等地区。葱属植物的分布和适应范围非常广，

有生长在石山的 *Allium tashkenticum*、高山草甸的 *Allium hexaceras*、干旱山坡上的 *Allium backhousianum*、碎石土壤的 *Allium alaicum*、丘陵的 *Allium sewerzowii* 或山麓的 *Allium ampeloprasum* 等。乌兹别克斯坦还是葱和洋葱的重要原生地，有丰富的种质资源。与乌兹别克斯坦相比，我国的葱属植物约100种，50%为我国特有种，主要分布在我国西北、西南和东北等地，其中，西南山地就分布有51种和10个变种。

中国西南和中亚山地是葱属植物多样性分布中心，也是探讨该属植物起源、进化和迁移传播的关键地区。在我国和乌兹别克斯坦建设全球葱园具有得天独厚的优势，物种丰富，栽培的葱和洋葱等作物品种资源多样，对探讨栽培植物的起源和早期驯化，挖掘利用野生植物资源，发现新的基因资源，培育新优品种有重要实际应用价值，建立中国-乌兹别克斯坦全球葱园具有全球保护意义和引领示范作用。

3. 全球葱园建设是中乌双方共同愿望

乌兹别克斯坦是我国重要的友好邻邦，中央政府十分重视与周边国家的经济交流和科技合作，构建"与邻为善，以邻为伴"和"睦邻、安邻、富邻"周边外交关系符合我国周边外交的基本方针。中乌两国元首就加强共建"一带一路"倡议和"新乌兹别克斯坦"规划对接，全面提升中乌合作规模、质量、水平等达成重要共识，并对中乌科技创新合作提出明确要求。2021年6月28日，中国-乌兹别克斯坦政府间合作委员会科技合作分委会第五次会议以视频方式在北京、塔什干举行。双方就中乌两国科技创新领域政策和最新科技发展规划交换信息，对已开展的研发合作进行总结。王志刚部长明确指出中乌双方对于科技创新的理解和认识，科技发展战略规划及政策重点有很多共通之处，这为双方在科技创新领域制订共同计划、开展联合行动奠定良好基础；充分肯定了近年来双方就科技创新政策对接、科研人员交流和青年科学家培养、联合研究、平台建设等方面开展的务实而富有成效的合作；明确表示接下来将不断扩大双方科研机构在可再生能源、生物制药、农业等重点领域的交流与合作。

然而，由于社会经济和科技发展水平的相对滞后性，中亚国家对各自的植物资源多样性虽有初步认识，但总体来说，这些国家的植物多样性调查和研究还不够深入，特别分子系统和基因组学等新的研究方法与技术的运用较少，对这些国家的生物多样性变化趋势缺乏全面和准确的认识，对生物多样性的利用也具较大的盲目性。由于缺水、过度放牧和长期战乱等原因，中亚山地生物多样性保护也面临巨大威胁。比如，帕米尔-阿莱山和天山西部的野果林保留了果树栽培品种遗传多样性的祖征，但在过去的 50 多年，该地区约 90% 的野果林生境已消失；又如，中亚山地草地分布有超过 16 种郁金香属特有野生植物，由于过度采集等原因，许多郁金香种类的野生种群数量大幅度减少。

二、主要内容

1. 共建的过程

2016 年以来，在中国科学院国际伙伴计划对外合作重点项目、战略先导 A 类、第二次青藏高原综合科学考察研究、科技部重点研发计划等项目的支持下，昆明植物研究所与乌兹别克斯坦科学院植物研究所续签了科技合作备忘录，就"跨境国际合作野外考察与乌兹别克斯坦植物志编研""中亚生物资源与多样性地理分布数据库建设""中乌分子生物学国际联合实验室共建"和"重要经济植物园（圃）共建"四个领域深化合作达成共识，并于 2017 年、2018 年、2019 年对乌兹别克斯坦的植物多样性开展多次联合考察，共同推进"重要经济植物园（圃）"创建工作和全球葱园及其两个中心的建设。

在中国科学院国际合作局和中亚药物研发中心的支持下，中-乌全球葱园（昆明中心）于 2017 年 11 月在昆明植物园启动建设，2018 年 4 月建成并对外开放，已收集保存有 154 个引种号（已鉴定的种类 65 种）的葱属植物。全球葱园（昆明中心）的建成受到广泛关注，累计吸引数万人入园参观，已经成为通过"一带一路"合作助力昆明市建设"世界春城花都"的重要案例。

2018 年 5 月 27—28 日，中国科学院国际合作局会同昆明植物研究所在乌兹别克斯坦首都塔什干与乌兹别克斯坦植物研究所共同启动中-乌全球葱园（塔什干中心）建设。乌兹别克斯坦总统沙夫卡特·米罗莫诺维奇·米尔济约耶夫（Shavkat Miromonovich Mirziyoyev）对全球葱园共建工作高度关注。中国科学院院长白春礼致信祝贺中-乌全球葱园（塔什干中心）启动建设，中国科学院国际合作局局长曹京华、昆明植物研究所所长孙航、中国科学院中亚药物研发中心主任阿吉艾克拜尔·艾萨等代表中方参加了启动仪式。乌兹别克斯坦斯坦科学院副院长，乌兹别克斯坦科学院学术委员会主席、植物研究所所长 Komiljon Tojibaev 院士以及中乌双方共建单位人员、新闻媒体一同参加了活动。

2019 年 4 月 19 日，在国务院新闻办公室举行的国务院新闻发布会上，中乌全球葱园的建设被列为科技支撑"一带一路"建设重要示范平台。中国科学院院长白春礼就"丝路环境"专项接受采访时提到了中乌全球葱园建设成果。同年 12 月，中乌联合共建的分子系统学与生物地理学实验室正式纳入乌兹别克斯坦科学院重点实验室，也是该所第一个院级重点实验室。

2020 年 12 月—2021 年 5 月，中-乌全球葱园（塔什干中心）园区进行了迁移和重新规划扩建。乌兹别克斯坦国家植物标本馆以标本交换的形式向中国科学院昆明植物研究所标本馆赠送了 20 世纪 50—60 年代采自该国恰特卡尔河流域 1 108 份重要植物标本。

2021 年 10 月，通过整合中乌植物分子系统学与生物地理学、植物资源挖掘和可持续利用两个所际联合实验室以及全球葱园（昆明中心、塔什干中心）等平台优势，成功申报云南省重点研发计划项目，正式联合组建了"中国-中亚（1＋5）生物多样性联合研究中心"，争取尽快进入科技部"一带一路"联合实验室建设名单。

2. 建设成效

全球葱园（塔什干中心）（图 12-1）总面积 0.5 公顷。保藏不仅包括乌兹别克斯坦葱属植物，还有鸢尾属、郁金香属、独尾草属等球根类重要观赏和药用植物资源。全球葱园（昆明中心）进行了景观优化，葱属植物资源收集展示能力显著提升。

图 12-1　全球葱园（塔什干中心）鸟瞰

3. 收集葱属植物的种类与品种

中乌双方科研人员组成的国际联合考察队前往中亚乌兹别克斯坦、吉尔吉斯斯坦、塔吉克斯坦、土库曼斯坦等国家和地区开展十余次葱属及中亚特有植物多样性考察研究和标本采集。截至目前，全球葱园（塔什干中心、昆明中心）已收集保育葱属植物 180 余种，成为全球葱属特别是野生葱属植物保护、研究、资源挖掘和科学传播的重要基地，在国际上产生了积极的示范效应。

4. 人才培养与交流

通过务实合作，增进了中乌双方的人才交流，提升了乌方人才的培养水平。在 CAS-TWAS 和 ANSO 奖学金支持下，乌方已经有 12 人次来昆明植物所进行博士后研究或攻读硕士、博士学位（博士研究生 3 名，硕士研究生 5 名），他们已成为乌兹别克斯坦开展植物系统发育与生物地理进化等领域研究的领军人才或中坚力量。其中，Komiljon Tojibaev 博士在昆明植物所开展博士后研究期间当选乌兹别克斯坦科学院院士，是乌兹别克斯坦科学院最年轻的院士，曾当选乌议会下院副议长；Ziyoviddin Yusupov 博士在昆明植物所获得博士学位并开展博士后工作，他被中国科学院大学评为 2018 年度优秀研究生，现被聘为乌兹别克斯坦科学院植物研究所副所长、实验室主任和 *Plant Diversity of Central Asia* 期刊副主编。这些乌方人才已成为中国科学院"一带一路"科技合作在合作国生根落地的重要纽带和桥梁。

5. 合作研究

中乌双方围绕葱属、独尾草属等球根类植物多样性、葱园建设与保护等方面开展了系统性研究。发现和发表乌兹别克斯坦植物新种 2 个（豆科岩黄芪属的孙氏岩黄芪 *Hedysarum sunhangii* Juramurodov & Tojibaev 和毛茛科毛茛属的 *Ranunculus tojibaevii* Schegol. & Turginov），联合完成了吉扎克省等乌兹别克斯坦植物多样性热点地区调查并出版了《乌兹别克斯坦吉扎克省植物》，这是乌兹别克斯坦首部彩色植物专著，乌兹别克斯坦科学院院长为之作序，揭示了全球葱属植物植物分类、起源和系统发育进化机制，

相关成果联合在 *Annals of Botany*，*Taxon*，*Plant Diversity* 等国际重要期刊上发表。

三、意义与作用

1. 葱园得到中乌双方领导人与社会的关注

全球葱园受到两国领导的重视和社会媒体的高度关注。中国科学院院长白春礼致信祝贺塔什干中心启动建设，并对葱园建设成效报告给予重要肯定。乌兹别克斯坦总统沙夫卡特·米罗莫诺维奇·米尔济约耶夫对全球葱园共建工作高度关注，并听取乌方合作者关于葱园工作的报告。2017 年 11 月以来，新华社（新华网）先后 7 次报道葱园工作（英文 3 次），CCTV 报道 1 次，中央人民政府网站（GOV.CN）转载 1 次，乌兹别克斯坦报纸网、电视台（O'zbekiston 24）和俄罗斯卫星通讯社（Sputnik News Agency）等媒体均给予多次报道。在国务院新闻办公室 2019 年 4 月 19 日举行的国务院新闻发布会上，中乌全球葱园的建设被列为科技支撑"一带一路"建设重要示范平台。

2. 对"一带一路"沿线国家生物多样性保护的启示

2013 年，习近平主席在哈萨克斯坦国事访问期间首次提出共建"丝绸之路经济带"时谈到共建工作要实现政策沟通、设施联通、贸易畅通、资金融通、民心相通。2016 年，习近平主席在乌兹别克斯坦演讲时谈到希望同"一带一路"沿线国家携手打造"绿色丝绸之路""健康丝绸之路""智力丝绸之路"和"和平丝绸之路"。中乌两国科学院围绕共建全球葱园的科技合作，充分体现了民心相通，是共建"绿色丝绸之路"的重要例证。

3. 以全球葱园建设为契机，推动中乌双方全方位合作

在 ANSO 框架下，搭建昆明植物研究所标本馆与乌兹别克斯坦国家植物标本馆国际标本交换绿色通道。乌兹别克斯坦给标本馆赠送了1 108份植物标本，所有标本均制作精良，保存完好，采集信息齐全，具有重要的保藏价值，丰富了昆明植物研究所在这一地区的馆藏。据统计，近年来昆明植物研究所标本馆共收集保藏了来自乌兹别克斯坦的植物标本超过3 000号，近5 000份，使KUN在中亚植物标本的收藏上形成了特色。

召开了"喜马拉雅-高加索地区植物多样性与保护国际学术研讨会"，来自格鲁吉亚、瑞士、乌兹别克斯坦和中国等"一带一路"沿线国家和地区的50余人参加，围绕喜马拉雅和高加索两个全球生物多样性热点地区的植物多样性调查和比较生物地理学研究、植物园和植物多样性大数据共建等方面展开讨论并达成合作研究共识，拓展了合作领域和示范成效。

第三部分

"一带一路"建设的决策支持

"一带一路"倡议是我国发起的新型国际合作平台，已吸引了151个国家和30多个国际组织参与。推进共建"一带一路"高质量发展既有机遇，也面临挑战。一方面，这是中国首次以一个负责任大国的姿态引领全球合作与发展，如何做好工作需要探索经验；另一方面，"一带一路"建设也面临日趋复杂的外部环境，特别是日益动荡的地缘政治格局和少数西方国家的"围堵"，如何有效防范和规避风险、行稳致远需要科学研究的支撑。为此，中国科学院"丝路环境"专项专门部署科研力量，开展了"一带一路"建设决策支持方面的研究工作。

首先，根据有关部门的委托，专项研发了"中科连通性指数"，开展了"一带一路"建设五年成效的第三方评估工作，为"一带一路"高质量发展奠定了基础；其次，基于大数据开发了"绿色丝绸之路智能决策支持系统"及其手机

APP"中科带路",为防范各种建设风险提供了科技支撑,包括生态环境风险、地缘风险、灾害风险等;再次,总结了"一带一路"建设模式,提出了"包容性全球化"理论,探讨了文化和制度多元性对"一带一路"高质量发展的影响,为相关规划工作提供了科技支撑;最后,研究提出了基于社会-生态系统的可持续生计提升方案,并在中国云南和尼泊尔分别进行了示范,为沿线地区实现脱贫和可持续发展提供了科学决策基础。

这些研究紧密围绕推进共建"一带一路"高质量发展的决策需求,从理论、技术、模拟、应用、规划五个方面产出了丰富的科研成果,从全球化视角构建了"一带一路"建设的理论基础,建设了系统全面的沿线社会经济与基础地理信息数据库,研制了决策支持平台,实现了"一带一路"建设进展的跟踪解析和科学测度,并开展了相关规划研究与战略咨询,不但引领了"一带一路"研究的发展,也产生了广泛的社会影响。研究成果多次转化为国家和地方的相关规划;"中科带路"APP正在为中国企业走向海外保驾护航。

建设成效第三方评估[*]

一、成果背景

"一带一路"是我国政府面对复杂多变的国际形势，统筹国内国际两个大局而提出的新型国际合作倡议。它源自中国国家主席习近平在2013年9月、10月对中亚与东南亚出访期间分别提出的共建"丝绸之路经济带"和"21世纪海上丝绸之路"两个倡议。此后，"一带一路"建设成为中国全方位对外开放的主要旗帜和载体，得到了越来越多国家和国际组织的热烈响应与广泛参与，成为当今世界深受欢迎的国际公共产品和国际合作平台，为世界各国应对全球性挑战、实现联合国2030年可持续发展目标提供了一个重要平台。它所遵循的"共商共建共享"原则，为全球治理体系的完善和发展提供了一个新的方向和新的选择。2015年3月，在海南博鳌亚洲论坛上，中国政府发布《推动共建丝绸之路经济带和21世纪海上丝绸之路的愿景与行动》（以下简称《愿景与行动》），阐述了"一带一路"建设的背景、目标、原则、建设重点和机制。自"一带一路"倡议提出九年多来，"一带一路"已经在世界范围内落地

---

[*] 主要完成人：刘卫东、刘慧、宋周莺、刘志高、王成金、王姣娥、宋涛、叶尔肯·吾扎提等，中国科学院地理科学与资源研究所。

生根，取得了实打实、沉甸甸的建设成果，成为很多国家政界、商界和学术界谈论的热点话题。

"一带一路"建设在取得巨大成就的同时，也暴露出一些问题。如何科学评估"一带一路"建设取得的进展、实事求是地分析发展中存在的问题，是推动"一带一路"建设走深走实、实现高质量发展的基础。2018年，恰逢"一带一路"倡议提出五周年之际，"一带一路"建设工作领导小组办公室委托中国科学院地理科学与资源研究所刘卫东研究团队联合国内知名专家，组织开展推进"一带一路"建设工作五年成效的第三方评估工作。该项评估工作得到了中国科学院"丝路环境"专项的支持。由于与我国签订共建"一带一路"合作谅解备忘录或联合声明的国家不断增加以及基础数据可获得性等原因，本报告定量评估部分的空间范围是古丝路沿线的 64 个国家。关于 64 个沿线国家的名单参见《绿色丝绸之路建设：资源环境基础与社会经济背景》。

在 2021 年 11 月 19 日召开的第三次"一带一路"建设座谈会上，习近平总书记对推动共建"一带一路"高质量发展做出进一步重大部署，为新时代推进共建"一带一路"高质量发展提供了根本遵循。党的二十大报告也明确提出"推动共建'一带一路'高质量发展"。因此，高质量发展已成为"一带一路"建设的核心目标，而且高质量发展的原则、理念、目标和重点内容已经清晰。通过科学的第三方评估，有助于从决策、理论与实践方面助力"一带一路"建设不断向高质量发展转变。

二、主要内容

1. "一带一路"建设总体进展成效显著

课题组采用中科连通性指数（CI），集成了 2013、2017、2019

三个年份的"一带一路"政策沟通、设施联通、贸易畅通、资金融通、民心相通（以下简称"五通"）指数，对"一带一路"建设进展进行了系统评估。评估结果表明，2013年以来"一带一路"建设取得明显成效，中科连通性指数显著提升。2019年中科连通性指数为43.04，分别比2013年的22.8和2017年的38.4提高了86.5%和10.6%，表明我国与沿线各国的连通性总体水平不断提高，但与全面畅通（100分）的终极目标仍有相当的距离。

2. 不同领域、不同区域进展不一

目前，贸易畅通指数最高，其次是政策沟通、设施联通和民心相通，资金融通有所突破，但仍是"五通"中的短板。从变化看，政策沟通发展最快，其次是资金融通和民心相通；设施联通因为建设周期较长，贸易畅通由于基数本身较高，二者发展速度相对较为缓慢。相比2013—2017年，2017—2019年受国际经贸形势的影响，经贸畅通指数仅提高了0.26；另外，设施联通指数提高了0.82，政策沟通指数提升了0.9，民心相通指数提高最快，增长了1.4，资金融通居中，增长了1.0。

（1）政策沟通进展总体较为迅速

2013—2019年，政策沟通指数从3.4增长到10.7，其中2013—2017年、2017—2019年分别增长6.5、0.9。2013—2019年，共建"一带一路"框架下合作协议、合作规划从无到有，指数从0分别增长到3.6、1.5，高层互访、双边关系、合作机制分别从0.6、1.4、1.4增长到1.0、1.9、2.9。其中，2013—2017年合作协议签署进展最为迅速，2017—2019年合作规划最为显著。目前，我国与蒙俄、中亚、东南亚国家政策沟通水平较高。从推进速度来看，我国与蒙俄、中亚、东南亚方向政策沟通进展较快，其次为中东欧地区。

(2) 设施联通成效明显

设施连通指数从2013年的5.02上升到2019年的7.55。其中，航运连通发展较为迅速，其次为铁路连通，公路、航空和信息连通水平稳步提高，能源连通无明显变化。2017年以来，设施连通性有所提高，但比较缓慢。从评价结果分析，2017年中国与沿线国家基础设施互联互通水平为6.73，2019年上升至7.55，提升了0.82。

从分类基础设施来看，2017—2019年航运连通性变化最大，变化幅度达到0.51，是沿线国家与中国设施连通性提高的主要来源。其他基础设施方式的连通性改善幅度有限，铁路和公路的连通性改善水平分别达到0.18和0.11，航空连通性只有轻微幅度的提升；光缆和管道连通性没有变化，这两类连通性都由重大跨境基础设施建设工程决定。

中东欧和南亚地区与中国的基础设施连通性改善幅度最大，分别达到1.97和1.37；其次为东南亚地区和独联体国家，连通性改善幅度分别为0.77和0.70；俄蒙、西亚北非和中亚地区的基础设施连通性基本不变。

(3) 经贸畅通取得了较显著的成效

经贸连通指数从2013年的9.58提升到2019年的11.57，分值位列"五通"首位。其中，贸易合作进展较快，投资合作平稳增长，投资贸易便利化进展相对较缓。2019年，贸易依存度得分为3.24，投资占比得分为2.53，自贸区协议得分为1.03，通关便利化得分为1.51，双边投资协定得分为1.66，海外合作园区得分为1.60。

2017—2019年，我国与沿线国家的经贸连通指数有小幅增长，从11.31提高到11.57。除自贸区协议指标无明显变化外，贸易依存度、投资占比、通关便利化、双边投资协定、海外合作园区等二级指标均略有提升。从具体国家看，沙特、格鲁吉亚、尼泊尔、也门和孟加拉国的经贸连通指数增长较明显；蒙古、马尔代夫、乌兹别克斯坦、印度和东帝汶的贸易连通指数有所下降。2019年,经贸连通指数最高的十个国家分别为泰国、柬埔寨、老挝、巴基斯坦、越南、马来西亚、缅甸、印度尼西亚、新加坡、沙特,主要是东南亚国家。

(4) 资金融通稳步推进

在多边金融机构、人民币国际化、中资银行海外布局、海外投资风险保障等方面取得了较为明显的进展,但资金融通仍是"一带一路"建设的短板。定量分析结果表明,2013年我国与沿线国家的资金融通指数为1.38,2017年达到4.82,2019年达到5.82。其中,与新加坡、马来西亚、阿联酋等国家的资金联通性最高,与泰国、俄罗斯、马来西亚提升得最快。

(5) 民心相通提升显著

民心相通指数由2013年的3.73提高到2017年的6.22和2019年的7.40。2017年以来,民心相通稳步提升,科技、教育、旅游、媒体等分指标指数均有不同程度的提高。从区域分布看,2019年民心相通指数最高的国家是泰国(16.73),其次是俄罗斯、白俄罗斯、马来西亚、越南、埃及、斯里兰卡、乌克兰、柬埔寨、老挝和蒙古,其民心相通指数均在10以上。不丹民心相通指数最低,伊拉克倒数第二,也门、阿曼、科威特、阿富汗、叙利亚等民心相通指数均小于1。从变化看,中国与老挝、印度尼西亚、马来西亚、阿联酋、白俄罗斯、乌兹别克斯坦等国的民心相通水平提升较快。

3. "一带一路"建设已进入稳中求进的高质量发展阶段

从时间变化看,中科连通性指数的年均增长率由2013—2017年的17%下降到2017—2019年的6%,表明"一带一路"建设已经走过了启动时期的高速发展阶段,逐步进入稳中求进阶段。同时,"五通"指数中最大值(贸易畅通)和最小值(资金融通)的差距也由2013年的8.21下降到2017年的6.50和2019年的5.75,

表明各领域进展正在由极不均衡向逐渐均衡的高质量方向发展。

三、主要创新之处

1. 构建了"一带一路"建设成效评估指标体系，全面系统评估"一带一路"建设进展

"五通"是"一带一路"建设的重点领域。为了科学评估"一带一路"建设进展，项目组构建了一套"一带一路"建设成效评估指标体系，它由"五通"组成的共 43 个指标构成，其中：政策沟通（CI 1）5 个、设施联通（CI 2）10 个、贸易畅通（CI 3）8 个、资金融通（CI 4）12 个、民心相通（CI 5）8 个。这是国内外首次对"一带一路"建设成效的全面系统性评估。

（1）政策沟通

根据《愿景与行动》中对政策沟通的目标定位，从发展共识、战略对接及推进机制三个维度出发，分别选取高层互访、双边伙伴关系、政府间合作谅解备忘录签署、政府间合作规划编制以及多双边合作机制五个指标，采用专家打分法构建政策沟通指数（CI 1）。评估指标体系及具体赋值方法见表 13-1。

（2）设施联通

设施联通是"一带一路"倡议的重要基础和优先领域，重点围绕交通运输设施、能源设施和信息通信设施三类基础设施建设，本研究按照航运、铁路、公路、航空、信息和管道六类基础设施，构建中国与"一带一路"沿线国家之间的设施连通指数（CI 2），其中，铁路包括复线铁路、单线铁路及高速铁路，公路包括高速公路和干线公路，航空包括航线与航班，航运主要是船舶时刻，光缆包括海底光缆和跨境光缆，能源设施包括跨境电网和跨境油气管道。具体评估指标见表 13-2。

表 13-1 政策沟通评估指标体系及赋值标准

维度	指标	分值	赋值标准	
发展共识	高层互访	3	2013年：互访次数不低于4次；2017年：累计互访次数不低于10次	3
			2013年：互访次数为2~3次；2017年：累计互访次数为5~9次	2
			2013年：互访次数为1次；2017年：累计互访次数为1~4次	1
			互访次数均为0	0
	双边伙伴关系	4	全天候战略合作伙伴关系	4
			全面战略伙伴关系	3
			战略合作伙伴关系	2
			全面合作伙伴关系	1
			合作伙伴关系	0.5
			尚未明确合作伙伴关系	0
战略对接	合作协议	4	已签署政府间合作谅解备忘录	4
			尚未签署政府间合作谅解备忘录	0
	合作规划	5	编制完成合作规划	5
			正在编制合作规划	4
			尚未编制合作规划	0
推进机制	合作机制	4	"一带一路"建设框架下建立的多双边合作机制	4
			将"一带一路"建设作为重要议题的区域性合作机制	3
			将"一带一路"建设作为议题之一的多双边合作机制	2
			议题涉及"一带一路"建设但组织相对松散的多双边合作机制	1
			尚未建立或参与相关合作机制	0

表 13-2 设施连通评估指标体系及赋值标准

指标集	赋值	指标	权重分	指标	阻碍因子
航运	6	航线	4.8	集装箱直达航线	—
		班轮	1.2	集装箱班轮数量	—
铁路	5	设施连通	4	直接连通	铁路技术标准
				间接连通	跨境国家数量
		跨境常态化运输	1	班列线路	—
				班列频率（周）	—
公路	3	设施连通	3	干线公路直接连通数量	—
				干线公路间接连通数量	跨境国家数量
航空	3	直达航线	2.4	直达航线数量	—
		航班密度	0.6	直达航班频率（周）	—
信息	2	光缆数量	2	（条）	—
管道	1	天然气管道	0.5	（条）	—
		原油管道	0.5	（条）	—

（3）贸易畅通

贸易畅通指数（CI 3）由贸易依存度（指沿线国家对中国的贸易依存度）、投资占比（指中国对沿线国家投资额在该国吸引外资总额中所占的比重）、自贸区协议、通关便利化、双边投资协定和合作园区六个二级指标构成，每个指标的评估及赋值标准见表 13-3。

（4）资金融通

资金融通是"一带一路"建设的重要保障。资金融通指数（CI 4）由是否签署本币互换协议，是否签署人民币清算协议，是否签署金融监管合作备忘录，是否为人民币合格境外机构，是否为亚投行成员国，是否为主要银联体成员国（包括中国-东盟银联体、上合组织银联体、中国-中东欧银联体、中国-阿拉伯国家银联体），

表 13-3 贸易畅通评估指标体系及赋值标准

指标类	指标	赋值原则	赋值
贸易依存度	贸易依存度（x1）	≥30%	5
		<30%	5×x1/30%
投资占比	投资占比（x2）	≥20%	5
		5%～20%	4
		<5%	4×x2/5%
自贸区协议	自贸区协议（x3）	已签订	3
		正在谈判	2
		正在研究	1
通关便利化（x4）	物流绩效		标准化
	经贸合约数	未签订	0.2
		签订合约数＝1	0.3
		签订合约数＞1	0.4
双边投资协定（x5）		有协定	2
		无协定	0
合作园区（x6）	合作区	国家级合作区≥1	1
		每三个省级园区	0.1（最高 0.4）
		每一个投资规模在 1 亿元以上的园区	0.1（最高 0.3）
		每一个在该年有实质性进展的园区	0.1（最高 0.3）
		无合作区	0
	重点产业合作项目	每一个主要能源建设项目	0.1（最高 0.3）
		每一个主要交通设施建设项目	0.1（最高 0.3）
		每一个其余领域主要科技合作项目	0.1（最高 0.2）
		每一个其余领域主要合作项目	0.1（最高 0.2）
		无重点产业合作项目	0

以及中资银行（包括国开行、工商银行、中国银行）境外机构数七类共 12 个指标组成。每个指标的评估及赋值标准见表 13-4。

表 13-4　资金融通评估指标体系及赋值标准

指标类	指标	赋值原则	权重分
签署本币互换协议	签署本币互换协议	是：1；否：0	2
人民币清算协议	人民币清算协议	是：1；否：0	2
金融监管合作备忘录	金融监管合作备忘录	是：1；否：0	2
人民币合格境外机构	人民币合格境外机构	是：1；否：0	1.5
亚投行成员国	亚投行成员国	是：1；否：0	3
主要银联体成员国	中国-东盟银联体	采用累计值 （是：1；否：0）	2
	上合组织银联体		
	中国-中东欧银联体		
	中国-阿拉伯国家银联体		
中资银行境外机构数	国开行境外代表处数量	标准化	0.5
	中国银行境外支行数量	标准化	1
	中国工商银行境外支行数量	标准化	1

（5）民心相通

民心相通的重点内容包括科技、教育、文化、旅游、卫生、政党、智库、民间组织合作以及媒体合作等，根据数据的可获取性和系统性，本研究设计的民心相通定量评估指标体系包括教育、科技、旅游、文化等六大类共八个指标，并根据专家打分赋予每一个指标不同的权重分（表 13-5）。需要说明的是，"一带一路"倡议"五通"中的民心相通主要指的是民心相通方面的工作，工作内容与工作结果是有差异的。因此，本研究设计的民心相通指数实际上是人文合作指数。不过，为了与"五通"统一，仍使用民心相通指数的概念。

表 13-5　民心相通（人文合作）评估指标体系及赋值标准

指标类	指标项	赋值原则	权重分
教育	孔子学院（课堂）	数量（个）	2
	学历互认	是：1；否：0	2
科技	签署科技协议	是：1；否：0	1
	合作发表论文	数量（篇）	3
旅游	免签或落地签	是：1；否：0	4
文化	互设文化中心	有：1；无：0	3
民间组织	友好城市	数量（个）	3
媒体联系度	"中国-某国"百度出现次数	次	2

2. 研发了中科连通性指数，实现"一带一路"建设进展成效的科学测度

为科学定量测度"一带一路"建设总体进展，项目组创新性地开发了基于"五通"评估指标体系的中科连通性指数（CI）。中科连通性指数假设中国与沿线国家全面实现"五通"时的总指数为 100，平均分配给"五通"，这样 CI 1、CI 2、CI 3、CI 4、CI 5 指数各 20，即每一通的最大值均为 20，再将此值根据专家赋值分配给各个指标项（即权重分），权重分代表每一个指标的最高标准值。通过加权平均，即可分别计算出每一个国家与中国的政策沟通、设施联通、贸易畅通、资金融通、民心相通"五通"分指数（CI_t），进一步将"五通"分指数加总，即为中科连通性指数。具体计算方法如下：

（1）分别计算"五通"分指数（CI_t，$t=1, 2, 3, 4, 5$），计算公式如下：

$$M_{ji} = \begin{cases} 0 & (若\ x=0) \\ P(i) & (若\ x=1) \\ (x_i/x_{\max}) \times P(i) & (若\ x\ 为实际绝对值) \end{cases} \quad (13-1)$$

$$CI_t = \sum_{j=1}^{n} \sum_{i=1}^{m} M_{ji}/N \qquad (13\text{-}2)$$

式 13-1 中，$P(i)$ 为第 i 个指标的权重分，x 为赋值原则，x_i 为第 i 个指标的绝对值，$x_{\max}$ 为第 i 个指标的最大值，M_{ji} 为第 j 个国家第 i 个指标与中国的连通性分指数；式 13-2 中，CI_t 为沿线国家与中国"五通"中 t 通分指数（$t=1$，2，3，4，5），N 为沿线国家个数，m 为第 t 通的评价指标个数。

（2）计算中科连通性指数：

$$CI = \sum_{t=1}^{5} CI_t \qquad (13\text{-}3)$$

式 13-3 中，CI 为中科连通性指数，CI_t 为"五通"中每一通的分指数值。

中科连通性指数不仅能定量评估"一带一路"建设的总体成效，也能评估"一带一路"建设在不同领域的进展及变化，为持续开展"一带一路"建设评估创立了科学的测度指标和方法体系。

3. 提供了"一带一路"建设成效的直观表现

为了更形象、直观地表达"一带一路"不同领域的建设进展，课题组采用雷达图形式表达"一带一路"建设中不同领域（"五通"）在时间上的变化（图 13-1）。由图 13-1 可以非常直观地看出，贸易畅通连通性最好，政策沟通发展最快，更为重要的是，从"五通"指数所构成的五边形形状的变化也可以直观地看出，不同领域进展正在由 2013 年的极不均衡向 2019 年逐渐均衡的方向发展。

四、价值与意义

中国科学院"一带一路"建设工作第三方评估工作小组，创新

图 13-1　中科连通性指数

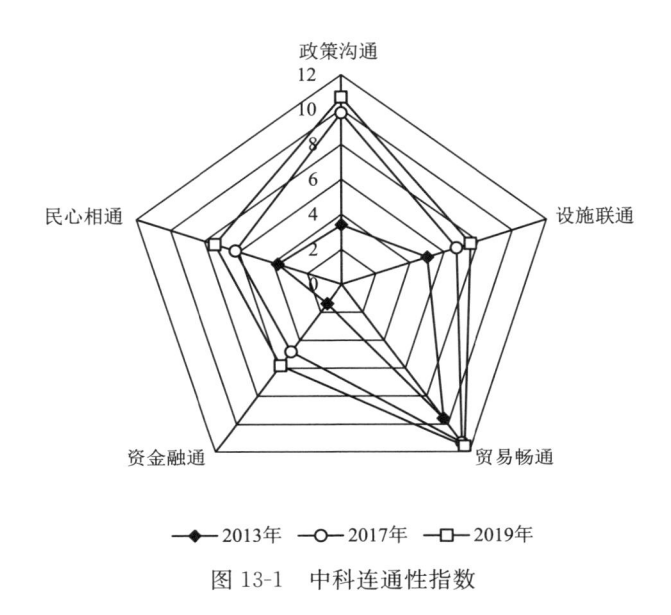

性地设计并集成了"一带一路"建设中的"五通"（政策沟通、设施联通、贸易畅通、资金融通、民心相通）指标，并通过中科连通性指数定量评估了2013—2019年的"一带一路"建设工作进展。其研究成果直接用于推进"一带一路"建设工作领导小组办公室委托的"一带一路"建设进展第三方评估。评估结论提交给领导小组办公室，为编制第二届"一带一路"国际合作高峰论坛的重要成果之一——《共建"一带一路"倡议：进展、贡献与展望》提供了重要的技术支撑。评估工作也为后续的"十四五"时期"一带一路"高质量发展思路研究奠定了基础，对促进"一带一路"高质量发展起到了重要的作用。

在中国科学院"丝路环境"专项支持下，2019年正式出版专著《"一带一路"建设进展第三方评估报告（2013—2018年）》，在学术界产生了重要影响。在第二届"一带一路"国际合作高峰论坛召开前夕，本项目负责人刘卫东研究员做客央视新闻直播间，介绍中科连通性指数以及利用该指数对"五通"的评估结果,在社会各界产生了广泛影响。未来,中科连通性指数将继续用于服务和支持推进"一带一路"建设工作领导小组办公室对"一带一路"建设进展的定期评估,支撑"一带一路"高质量发展决策及应用。

决策支持系统:"中科带路"APP*

一、成果背景

"一带一路"沿线大部分是发展中国家,部分国家政治局势动荡、民族宗教问题突出、地缘关系复杂,传统与非传统安全问题交织。有效防范和规避风险一直是"一带一路"建设面临的突出问题。当前,世界百年未有之大变局正加速演变,新一轮科技革命和产业变革带来的激烈竞争前所未有,气候变化、疫情防控等全球性问题给人类社会带来的影响前所未有,全球产业链和供应链不稳定不安全问题突出,共建"一带一路"的国际环境日趋复杂。习近平总书记在第三次"一带一路"建设座谈会明确指出,要全面强化风险防控,探索建立境外项目风险的全天候预警评估综合服务平台,及时预警、定期评估。

风险防控是新时期"一带一路"建设高质量发展面临的重大问题,也是其高质量发展的内在组成部分。为提高"一带一路"建设风险应对能力,中国科学院地理科学与资源研究所刘卫东团队,在中国科学院"丝路环境"专项的支持下,开发完成了"绿色丝绸之

---

* 主要完成人:刘卫东、宋周莺、刘慧、王成金、刘志高、宋涛、牛方曲、袁文、程汉等,中国科学院地理科学与资源研究所。

路智能决策支持系统"及其手机APP"中科带路"。该系统建立了一套系统全面的"一带一路"沿线国家社会经济与基础地理信息数据库，集成了专项相关项目的科研数据，开发了一套多空间尺度融合的风险评价技术方法，形成了集基础数据、评价指标和多功能模块于一体的动态决策支持系统。此外，该系统还具有数据服务、项目鸟瞰、国别介绍、案例速览等功能。该系统的设计与开发，是助力"一带一路"建设高质量发展的重要探索和大胆尝试。在研发过程中，研究团队申请发明专利2项，申请软件著作权10余项。目前，该系统已拥有2 000多个手机用户，正在为中国企业走向海外保驾护航。

二、主要内容

1. "一带一路"建设决策支持系统的架构与实现方案

"一带一路"决策支持系统采用三层架构开发实现。如图14-1所示，最底层是数据层，包括基础数据库及其对应的数据服务，例如提供WMS、WFS服务的GeoServer，存储业务数据和空间矢量数据的PostgreSQL数据库，提供全文检索服务的ElasticSearch等。中间服务层是适配接口层，也是系统的运算层，基于数据库访问接口、GeoServer接口和其他第三方SDK实现用户管理、数据查询、指标计算、数据缓存等服务，通过Nginx反向代理实现负载均衡，以https安全协议对外提供统一RestFul服务入口，供网页端和APP端业务调用。最上层（前端）是展示层，即手机APP及网页版绿色丝绸之路智能决策支持系统，其中，网页版界面采用React前端框架开发，基于Cesium实现WebGIS相关功能；APP界面采用Flutter移动开发框架开发，基于MapBox实现移动端GIS相关功能。

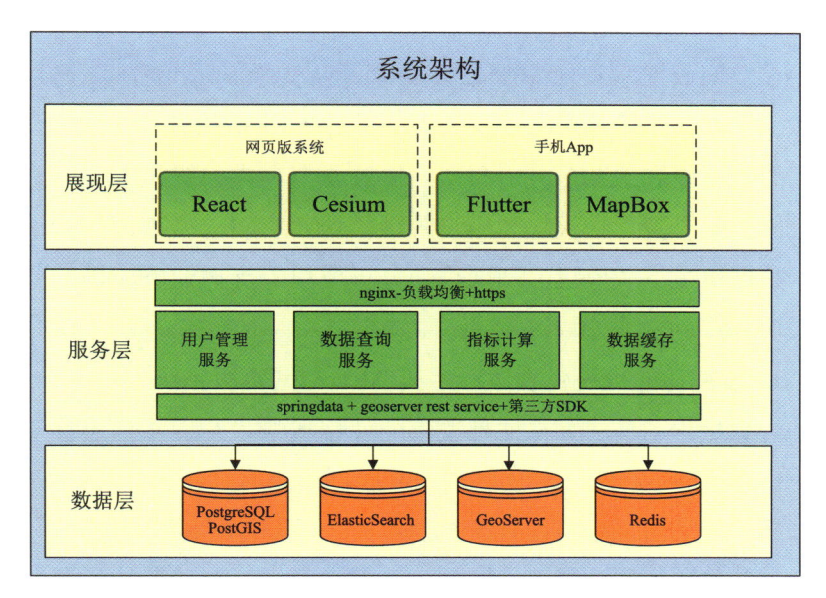

图 14-1 "一带一路"建设决策支持系统架构

系统实施了应用和数据安全保护措施，移动端 APP 和网页版与后台服务通信均采用安全的 https 协议，系统数据采用了双机热备的模式并定期排查数据安全隐患，上线至今系统稳定运行。

2. "一带一路"沿线社会经济与资源环境综合数据库及数据服务

采用 PostgreSQL + PostGIS 技术，搭建了支持矢量和栅格数据的空间数据库。得益于 PostGIS 优异的空间数据管理能力，该综合性数据库具备支持海量存储和高效管理的特性。数据库的建构采用数据综合集成思路，主要包括遥感影像数据、社会经济数据、基础地理信息数据，以及由上述各类基础数据计算得出的二级指标数据。该数据库为"一带一路"研究奠定坚实基础，共计约 5TB。基于上述数据库，采用 GeoServer 技术开发了服务器端地图数据服务功能。根据社会经济与资源环境各类数据的特点，系统发布了支持 WMS、WFS、WMTS、RestFul 等多种协议的地图数据服务，并采用灵活多样的数据呈现方式以增强用户体验。

在空间数据库和地图服务的支撑下，基于SpringMVC框架开发了"一带一路"建设决策支持系统的数据服务系统。该系统服务与空间数据库和地图服务对接，向客户端（前端）提供服务，服务模块涵盖了风险评估模块、用户管理模块、空间数据查询与转换模块、数据审批下载模块、图层叠加分析模块等支撑业务应用的基础性模块和特色功能模块。

3. 多样化的可视化表达：手机APP与网页版系统

为满足移动环境和桌面环境下的使用场景，开发了基于移动端的手机APP和基于桌面浏览器的网页系统。

移动端APP开发需要同时适配Android和iOS两大主流系统，同时需要兼顾应用功能在不同平台上的一致性。在前期技术调研的基础上，本项目选定了基于Flutter框架的技术方案，开发了支持Android和iOS系统C/S架构的手机客户端（APP）。该APP除了具备网页版的核心功能之外，还提供了诸如"丝路点评"等特色功能。该APP已在国内各大应用商店和苹果AppStore上架供用户下载使用。

网页版系统采用基于Cesium的三维地球进行开发，用户通过浏览器访问系统网址即可使用。相比于平面地图，三维地球具有沉浸式的视觉效果和更直观数据浏览体验。为了丰富数据展现形式，系统采用了统计图、图层叠加、卷帘对比、时序动态播放等多种形式的可视化表达方式，将后台数据与评价结果以不同形式呈现。

4. 多维度的"一带一路"建设决策服务功能

"一带一路"建设决策服务功能包括沿线地区背景风险评估、地理国情服务、建设案例项目追踪服务及其他辅助服务功能。

（1）沿线地区背景风险评估

沿线地区背景风险评估包括"风险评估""拓展评估""深度评

估"三个功能模块,以及沿线地区冲突事件和热点事件的挖掘功能。

团队构建了"一带一路"沿线国别综合安全风险评估指标体系和模型。"风险评估"一级指标包括社会复杂度、社会稳定度、治理能力、冲突事件、主权信用、债务风险、地缘安全形势和投资环境;每个一级指标包含了若干二级指标。通过模型分析和计算,形成重点领域综合风险评估结果,并通过雷达图的形式直观呈现查询位置的背景风险,以红绿灯的形式表现风险等级,实现了基于三维地球、平面地图的多种呈现方式,用户可以快速了解当地背景风险,为"一带一路"投资决策提供有力的参考。另外,"拓展评估"与"深度评估"两个功能模块还提供更为专业的定制化服务。

"冲突事件"服务功能主要是用于展示全球冲突事件分布情况。基于互联网大数据通过自然语言语义处理技术解析世界各类冲突事件发生的时间、地点,进行智能分类,加以可视化表达;同时根据事件发生的时空过程,基于地图进行动态展示事件发生的时空规律。"热点事件"服务功能基于通用的 GDELT 数据集,解析近期全球发生的热点新闻事件分布,并分类统计和可视化表达。该服务模块能够持续不断地获取热点数据,并更新数据库。

(2)地理国情服务

地理国情服务目标是使用户快速了解"一带一路"沿线国家和地区的基础地理概况与国别情况,包括两大功能模块:"基础数据""国别概况"。

"基础数据"服务模块(电脑版决策支持系统)利用 WebGIS 技术向用户提供沿线国家的社会经济和资源环境基础数据的可视化服务,包括"一带一路"沿线的各级行政区划矢量数据、遥感影像数据、社会经济数据、基础地理信息数据以及由上述各类基础数据计算得出的指标数据。该模块支持长时序动态播放、数据卷帘对比、图层叠加分析等功能，用户可直观地了解当地基础地理及人文要素。"国别概况"模块提供了"一带一路"沿线国家自然、社会、经济、文化、投资环境等多方面情况的简要信息介绍，实现了快速索引功能；用户能进行搜索筛选并点击某一具体国家阅读了解该国家的基本情况介绍。

（3）建设案例项目追踪服务

"一带一路"建设案例项目追踪功能用于追踪在建项目的进展情况，并对典型案例项目进行总结分享。通过本服务功能用户可以快速了解项目建设过程、进展情况，把握其动态。本服务功能包括两个功能模块："鸟瞰项目""建设案例"。

"鸟瞰项目"功能模块基于"一带一路"建设项目的高分辨率遥感影像数据，以时序方式进行动态展示，可以实现对重点项目建设过程进行动态追踪，帮助相关人员和投资者及时掌握项目建设进展。"建设案例"功能模块以图文并茂的形式直观呈现"一带一路"沿线典型建设案例项目的历史背景、项目概况、地理区位信息、进展情况等内容，并加以案例建设经验总结和理论凝练。

（4）其他辅助服务

除了上述服务以外，手机 APP 系统还提供了其他诸多辅助功能，包括"数据下载""丝路点评"等。其中，"数据下载"服务模块提供了"一带一路"沿线国家自然与人文要素的基础数据下载服务功能。通过"数据下载"模块，用户可以直接下载不敏感数据；同时，系统实现了敏感数据的下载审批功能。"丝路点评"模块允许用户基于地理定位、拍照分享的"地理照片墙"发布基于地理信息的动态消息，分享其在"一带一路"沿线的心得与收获，浏览他人发布的动态，交流经验，实现互动。

5. "一带一路"建设决策支持系统的线上服务

基于上述工作申请了多项软件著作权，并将手机 APP 在各手机应用商店上架，同时注册了域名。"中科带路"手机 APP 目前已经在各大手机应用商店上架，用户通过搜索"中科带路"即可下载安装使用，也可扫描图 14-2 所示的二维码下载。对应的电脑版系统"绿色丝绸之路智能决策支持系统"，用户只需要采用通用浏览器输入访问网址即可远程访问系统。访问网址（注册域名）为：https://www.brisupport.cn/。电脑版系统主界面如图 14-3 所示。通过该手机 APP、结合对应的电脑版系统，用户可直观快速了解沿线社会经济、资源环境概况及背景风险。

二维码　　　　　　　　　　　手机APP主界面

图 14-2　"中科带路"手机 APP 下载二维码及主界面

注：扫码时，选择右上角的"在浏览器中打开"。

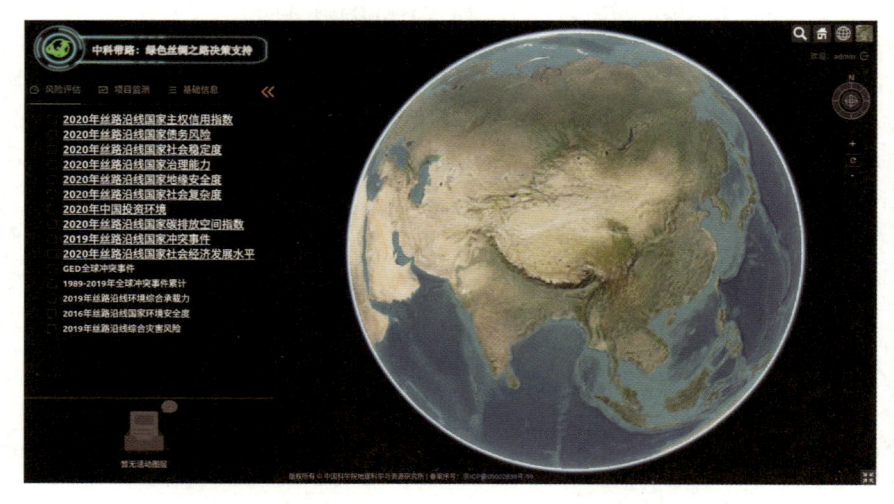

图 14-3　网页版绿色丝绸之路智能决策支持系统主界面

三、主要创新之处

1. 建设了系统全面的"一带一路"沿线社会经济与基础地理信息数据库

本项目建立了全面的"一带一路"沿线国家社会经济与基础地理信息数据库。该数据库由项目首席牵头、"丝路环境"专项的多个领域专家协同建构，是数位专家的智慧结晶。该数据库全面反映了"一带一路"沿线国家和地区的人文要素、地理要素、社会治理情况、政局、经济水平、自然环境情况。通过该数据库可对"一带一路"沿线国家或地区进行全面的了解，也为从多维度研究"一带一路"建设提供坚实基础。

数据库由三部分组成：社会经济数据、基础地理信息数据、综合评价指标数据。数据包括八大类（基础地理要素、社会经济格局、基础设施、资源环境、承载力、灾害风险、地缘环境、治理结构)、21 小类(丝路沿线遥感影像、自然地理要素、人文要素、经济联通性、经济分布格局、贫困发生率、海陆交通连通性、航空连通性、矿产分布、水资源、土地资源、生态环境脆弱性、资源环境承载力、气象灾害风险、山地灾害风险、环境风险、荒漠化风险、地缘风险等级、恐怖事件发生率、宗教文化、行政制度与治理能力),共计 127 个数据集。该数据库为"一带一路"建设研究奠定坚实基础,共计约 5TB。

2. 原创性地开发了提供全域信息服务的"中科带路"手机 APP

"中科带路"APP 可谓是国内首款服务于"一带一路"建设的手机 APP。该 APP 集翔实的基础数据、科学的评价指标和丰富的功能模块于一体。手机 APP 的开发面向"一带一路"建设领导小组、相关企业及研究人员,采用"基础数据＋评价指标＋客户端"模式。"中科带路"手机 APP 主要功能包括四大类:"一带一路"沿线地区背景风险评估、地理国情服务、案例项目追踪及其他辅助功能。

手机 APP 的开发与时俱进,将功能服务范围由 64 国扩展至 148 国,并可提供全域范围内任何位置的决策服务功能。用户触及任何位置,均可获悉当地社会经济背景与资源环境基础信息以及风险评估结果。

3. 技术方法上实现了突破

(1) 文本空间与地理空间的智能映射技术

研发了从文本到系统中地理实体的动态转换方法,可解决新闻或者文献阅读中地理信息支持不足的问题;支持自定义新词汇,实现了动态空间范围调整、识别类别可扩展等特性,基于该技术申请发明专利并已获授权(授权号:201910031759.9)。

(2) 跨媒体大数据融合与信息挖掘技术

利用分布式采集、多语言源媒体数据融合和媒体数据云服务等技术，部署可采集全球中英文网站的分布式云采集端，可采集覆盖广泛的媒体数据类型，实现新闻网站、社交媒体（微博、Twitter）等多种数据类型的实时动态采集，通过数据融合处理，可面向各类应用系统提供基础数据云服务。

针对多语言新闻网站、社交媒体（微博、Twitter）等多源网络大数据，基于深度学习技术提出了新型文本语义分析算法；研发了具有自主知识产权全球冲突事件识别与挖掘技术，从长时序文本数据中抽取地缘政治相关时空事件，获取事件的时空信息。采用自动化由粗向细的文本主题标注方法，快速、准确地挖掘文本主题，形成精标注数据集，进而使用 BERT 模型分类形成地缘政治数据库，实现了对国内外主流新闻媒体报道的实时监测，自动识别并定位冲突事件。该数据库的建构为进一步开展"一带一路"沿线国家或地区地缘风险提供基础数据支撑，支撑了"冲突事件时空展示"模块的建立。

（3）专题地图地理面要素自动提取与矢量化方法

研发了多尺度、多内容的专题地图地理要素的自动提取与矢量化方法。该方法具有效率高、普适性强、自动化程度高、抗干扰性强等优点，能够有效改进低质量专题地图的内容表达，增强其利用价值和地理可读性；能够快速有效地提取互联网中各类专题地图面状地理要素，并获取其矢量化数据。基于该技术申请发明专利并已获授权（授权号：202110424580.7）。

四、价值与意义

该系统的设计与开发是助力"一带一路"建设高质量发展的重要探索和大胆尝试。在研发过程中，研究团队申请发明专利 2 项，申请软件著作权 10 余项。目前，该系统已拥有 2 000 多个手机用户，正在为中国企业走向海外保驾护航。

1. 助力"一带一路"建设风险防控，为中国企业走向海外保驾护航

"一带一路"建设决策支持系统可远程（https://www.brisupport.cn/），"中科带路"APP可在各大手机应用商店下载安装。目前已有2 000多个下载量。该系统及APP功能强大，使用便捷，便于用户快捷地了解到"一带一路"沿线国家或地区的背景风险、基础地理和国别情况等，为"一带一路"建设提供决策支撑。目前，该系统已被中国土木工程集团有限公司、中国交通建设集团等我国海外项目建设重点单位前线人员使用，正为中国企业走向海外保驾护航。

2. 研发模式探索了多课题联合攻关的成功尝试

"中科带路"手机APP及其对应的电脑版系统"绿色丝绸之路智能决策支持系统"是在专项总体组指导下，由中国科学院地理科学与资源研究所刘卫东团队牵头研发，得到了各项目大力支持。如项目1课题1提供了沿线社会经济、地缘环境、治理结构、基础设施等数据，项目1课题2提供了沿线国家资源环境承载力数据，项目1课题3提供了沿线国家和地区的环境-经济脆弱性数据，项目3课题3提供了灾害风险数据。该成果是多课题（项目）协同工作、联合攻关的成功尝试，也为后续加强多课题联合攻关研究提供借鉴。

3. 推动"一带一路"信息化建设，促进信息共享与普及

该系统汇集多个区域地理信息资源，有助于不同国家和地区间信息资源互通有无，缩小国家和地区间的信息鸿沟，为跨越地理阻碍、实现信息共享提供重要支撑平台，是响应空中（信息）丝绸之路倡议的重要举措。有助于增强沿线国家在网络空间的联动，推动网络空间互联互通，共建、共享、共治。

"中科带路"手机 APP 适配用户使用习惯，将复杂地理数据集成在一个空间数据中，便于用户检索、分析和使用。用户还可根据实际需要点击特定地理区域获取信息。相关用户只要"一机"在手，便可随时随地了解"一带一路"沿线国家和地区的基础地理环境、社会经济背景、地缘风险，为向普通民众普及"一带一路"相关知识提供了便捷、高效的途径。

建设模式研究与规划支持[*]

一、成果背景

"一带一路"是中国政府应对百年未有之大变局、统筹国内国际两个大局而提出的新型国际合作倡议,引领着全新的国际合作道路。自 2013 年提出以来,"一带一路"建设进展迅速,已经有 150 个国家和 32 个国际组织与我国签订了共建"一带一路"合作文件,一大批建设项目建成落地,成为当今世界深受欢迎的国际公共产品和国际合作平台。

在取得巨大建设成就的同时,"一带一路"建设也面临众多挑战。一方面,面临逆全球化思潮。自 2008 年国际金融危机以来,世界范围内逆全球化的声音和行动愈演愈烈,新自由主义全球化带来的极化问题和不均衡发展问题日益遭到诟病。发达国家偏向贸易保护主义,而大量发展中国家则抱怨被边缘化。因而,如何发展和树立新的全球化理念,是"一带一路"走深走实、行稳致远的基石。另一方面,外部环境日趋复杂,地缘政治格局日益动荡。特别是,以美国为首的一些西方国家不断围堵和抹黑"一带一路"建

---

[*] 主要完成人:刘卫东、宋周莺、刘志高、刘慧、王成金、王姣娥、宋涛、陈伟、韩梦瑶等,中国科学院地理科学与资源研究所。

设，刻意制造负面新闻，并在学术话语上诋毁"一带一路"建设。如何讲好"一带一路"故事、传播中国声音、打造公正合理的话语体系，让世界更好地理解"一带一路"倡议，已经成为不能回避的重大话题和任务。此外，新冠疫情的肆虐和蔓延，给全球生产网络和全球供应链带来巨大影响。如何应对这种变化，也是"一带一路"建设高质量发展必须考虑的问题。

从国内来看，"一带一路"倡议是我国全方位对外开放的旗帜和重大举措，也是我国推动打造人类命运共同体的重要实践平台。"一带一路"建设推动我国大幅提升了投资自由化便利化水平，建立了若干自由贸易区、跨境经济合作区等特殊经济区，形成陆海内外联动、东西双向互济的开放新格局。但"一带一路"倡议作为我国引领全球开放合作、改革全球治理体系、推动构建人类命运共同体的中国方案，是数百年来我国未有之经历，急需加强研究，探索"一带一路"建设的治理模式和规划经验。

此外，相对于发达国家上百年的"走出去"经验，我国大量企业从事海外经营的时间短、经验少，特别是对于沿线国家与我国在地理环境、制度环境和文化环境上存在的巨大差异心理准备不足。在很大程度上，我国在走向全球、成为世界强国的过程中，尚缺少一个"地理大发现"的过程。因而，为绘制好精谨细腻"工笔画"，推动"一带一路"建设高质量发展，亟须开展沿线国别研究以及建设案例研究，及时总结建设经验。

在这些大背景下，在中国科学院"丝路环境"专项支持下开展了"一带一路"建设的理论研究和案例研究，提出了包容性全球化理论，从投融资结构和中方参与度两个维度揭示了建设模式，调查分析了30余个建设案例，从制度文化敏感性、社会经济效果和生态环境影响等多个方面总结了建设经验，为推动"一带一路"建设高质量发展提供了科学支撑。

二、主要内容

1. 从全球化的视角开展了"一带一路"建设的理论基础研究

为抵御逆全球化的思潮、为"一带一路"建设提供一个国际学术话语基础,本项目从经济全球化的视角开展了共建"一带一路"的理论研究。首先,在解析经济全球扩张的历程及其机制、揭示新自由主义全球化局限性的基础上,结合"一带一路"的实践活动,提出了"包容性全球化"的理论概念,并阐释了"包容性全球化"的理论内涵。其次,在"包容性全球化"理论框架下,开展"一带一路"经贸合作研究,分析"一带一路"贸易网络及其拓扑关系演变以及我国在"一带一路"沿线国家的对外投资格局、模式与规律,并从经济、社会、生态环境三者之间的发展关系入手,探讨了经贸合作产生的经济、社会、生态环境多重效应及实现和谐共赢的方式,提出绿色包容性投资及贸易理论。出版了《"一带一路":引领包容性全球化》及其英文版 *The Belt and Road Initiative: A Pathway Towards Inclusive Globalization*;另外,韩文版和阿拉伯文版正在翻译出版之中。该理论视角得到了学术界广泛认可,逐渐成为国际社会的共识。

2. 开展了大量"一带一路"建设案例研究

为落实习近平总书记关于绘制好精谨细腻的"工笔画"、推动"一带一路"建设高质量发展的讲话精神,本项目自 2018 年开始开展了一大批建设案例研究,对建设项目进行了系统分类,总结了"工笔画"建设经验。

本项目全面梳理了"一带一路"建设海外投资重大项目,提出海外重大项目研究清单。至 2020 年初新冠疫情暴发之前,本项目选取 20 多个"一带一路"建设项目,开展了深入调研。例如,

2019年11月赴老挝对中老铁路、中国老挝磨憨-磨丁跨境经济合作区进行调研；2020年1月赴越南对龙江工业园和新加坡工业园等进行调研；2020年1月赴俄罗斯对乌苏里斯克经济贸易合作区进行调研等。此前还陆续完成了蒙内铁路、亚吉铁路、中白工业园、罗勇工业园、西港经济特区、TCL波兰工厂等海外项目的调研。

为了深入了解海外项目的建设进展、运行模式及其对当地的影响，部分项目采用了"中方＋外方"合作研究的模式，请当地合作者提供详细的地方资料。例如，与美国科罗拉多州立大学杰西卡·迪卡尔多（Jessica Dicarldo）合作的中老铁路项目；与英国曼彻斯特大学赛斯·辛德勒（Seth Schindler）合作研究了土耳其伊安高铁项目；与越南国立河内大学范士成（Pham Sy Thanh）合作的中国·越南（深圳-海防）经济贸易合作区；与缅甸经济委员会钦貌尼奥（Khin Maung Nyo）合作的缅甸皎漂港口项目；与哈萨克斯坦基梅普大学（KIMEP University）乌兰合作的哈萨克斯坦"霍尔果斯-东门"经济特区无水港项目；与希腊德米特里奥斯·康斯坦塔科普洛斯（Demetrios Konstantakopoulos）合作的比雷埃夫斯港项目；与格鲁吉亚约瑟夫·萨鲁克瓦泽（Joseph Salukvadze）合作的格鲁吉亚华凌公司自贸区项目；与马来西亚郑志奎（Cheng-Chwee Kuik）合作的马来西亚马中关丹产业园；与泰国法政大学素瓦普·恩兰普拉穆安（Soavapa Ngrampramuan）合作的泰中罗勇工业园区；与俄罗斯科学院远东分院太平洋地理所弗拉基米尔·博查尼科夫（Vladimir Bocharnikov）合作的中俄乌苏里斯克经贸合作区项目；与巴基斯坦阿卜杜勒·卡里姆·拉沙里（Abdul Karim Lashari）和希扎尔·阿巴斯（Khizar Abbas）合作的真纳太阳能园区项目。

新冠疫情暴发之后，为了推进第二批"一带一路"建设案例的研究，本项目持续推进"中方＋外方"合作研究的模式，进一步深化与当地合作者的联系。同时，在不能出国进行实地调研的情况下，积极采取电子问卷、视频会议、线上访谈、视频调研、与国内母公司座谈、与回国的员工座谈等模式开展形式多样的调研。最终克服困难，完成了亚吉铁路、几内亚铝土矿项目、尼日利亚莱基自贸区、中国-韩国盐城产业园、中国-加纳水电站项目、中巴经济走廊、"一带一路"建设与柬埔寨、"一带一路"建设与老挝等第二批"一带一路"建设案例的研究。

通过深入的实地调研和"中方＋外方"合作研究模式，项目已完成了 30 余个"一带一路"建设项目的深入剖析，包括每一个项目所在国家的治理结构和政策背景、项目发展历程和谈判过程、项目建设进展和运行模式，并探讨项目对当地社会经济环境的影响，进而总结项目建设模式和经验教训。出版了《"一带一路"建设案例研究：包容性全球化的视角》及其英文版 *Understanding the Belt and Road Initiative: Case study Perspectives*，以及《共建绿色丝绸之路：科学路径与案例》。

3. 支撑了多个"一带一路"相关规划

本项目基于共建"一带一路"的理论构建、建设模式研究和技术探索，从不同空间层级开展了"一带一路"相关规划研究。坚持"从国家重大战略需求中凝练关键科学命题"的发展道路，带动了规划理论方法与技术手段的发展。一是推进"一带一路"建设第三方评估、"十四五"时期推进"一带一路"高质量发展思路研究等国家层面评估与规划研究；二是开展了福建省 21 世纪海上丝绸之路核心区、新疆丝绸之路经济带核心区以及上海、西藏等省份的"一带一路"建设规划的研究和编制工作。

三、主要创新之处

1. 提出了"包容性全球化"理论并阐释其内涵

本项目在揭示新自由主义全球化局限性的基础上,结合"一带一路"的实践活动,提出了"包容性全球化"的理论概念,推动了经济地理学的理论研究。本项目通过深入研究认为,"一带一路"倡议为推动全球化深入发展提供了新的思维,包容性全球化可以视为经济全球化的 2.0 版本,将为全球治理带来中国智慧和中国方案。

"一带一路"建设引领的包容性全球化与新自由主义全球化的区别主要体现在以下五个方面。第一,将有为政府与有机市场结合起来,发挥好政府在维系市场公平和社会公正以及提供基础公共服务上的作用。"一带一路"建设通过国家战略对接,沿线国家可以学习中国在推动经济发展和消除贫困方面的经验,而不是依赖市场机制解决所有问题。第二,"一带一路"建设将把更多的欠发达地区带入现代化的基础设施网络之中,并为他们带来更多的经济发展机遇。第三,尊重发展道路的多元性。不同于新自由主义全球化只推广一条道路,即发达国家已经走过的道路,中国提出的"一带一路"倡议推崇选择的多样性,每个国家应该根据自身的特点探索适宜的发展道路。第四,坚持"开放包容"和"平等互利"的理念,突出"共商共建共享"的原则。"一带一路"建设把寻找发展的最大公约数放在首位,谋求共同发展、共同繁荣。第五,遵循"和而不同"的观念,在维护文化多元性的基础上共谋发展、共求繁荣、共享和平(刘卫东,2017;刘卫东等,2017)。

2. 揭示了"一带一路"建设模式

本项目从投融资结构和中方参与经营程度两个视角,将"一带一路"建设项目划分为基于工程总承包（EPC）、基于特许经营和企业直接投资三种项目类型（图 15-1）。

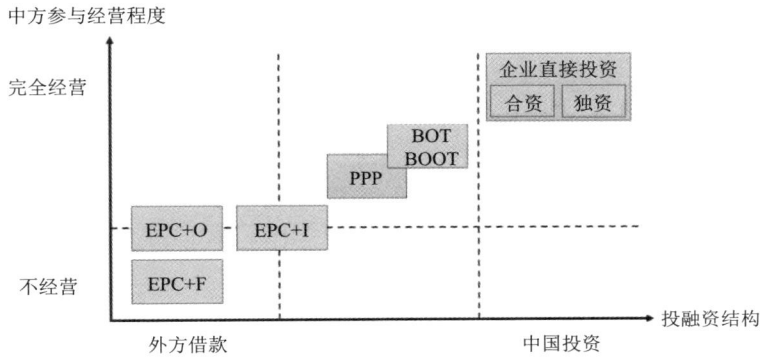

```
中方参与经营程度
 ↑
完全经营                              ┌─────────┐
                                      │企业直接投资│
                                      ├────┬────┤
                                      │合资│独资│
                                      └────┴────┘
                              ┌────┐
                              │BOT │
                              │BOOT│
                         ┌───┐└────┘
                         │PPP│
                         └───┘
              ┌─────┐┌─────┐
              │EPC+O││EPC+I│
              └─────┘└─────┘
              ┌─────┐
不经营        │EPC+F│
              └─────┘
                                                    → 投融资结构
           外方借款                    中国投资
```

EPC+F：工程总承包+融资；EPC+O：工程总承包+短期运营；EPC+I：工程总承包+部分投资；PPP：政府–社会资本合作；BOT：建设–运营–移交，BOOT：建设–拥有–运营–移交

图 15-1 "一带一路"建设项目分类

第一类是以 EPC 为基础的项目。近年来，中国企业包揽了世界上多数基础设施建设工程，但并非所有的 EPC 项目都是"一带一路"建设项目。一般来讲，只有 EPC＋F 类（工程总承包＋中国融资）项目才能视为"一带一路"建设项目。一些 EPC 项目在完工后，由于东道国缺乏运营能力，中国建设企业需要负责运营一段时间，这就出现了"工程总承包＋短期运营"（EPC＋O）模式。中国企业承建的发展中国家的铁路，往往是这种建设模式。此外，由于市场上 EPC 项目越来越稀缺，一些情况下承包建设工程的中国企业需要作为股东进行部分投资并参与到项目运营中来，这催生了"工程总承包＋部分投资"（EPC＋I）的模式。在这种情况下，中国企业除了是项目的工程承包商外，还是项目的投资人之一（刘卫东等，2021）。

第二类是以特许经营为基础的项目，包括最近发展很快的 PPP 项目（即政府-社会资本合作）以及历史悠久的 BOT/BOOT 项目

（建设-运营-移交/建设-拥有-运营-移交）。这类项目的投融资结构介于传统的对外直接投资和外方借款之间，一般集中在低回报率的长期性公共服务领域的项目，如供水、污水处理等。PPP项目很复杂，关键是国有企业是不是可以算作社会资本。在中国国内，已经建立现代经营制度、进行市场化运营的国有企业被容许参与PPP平台；但对于其他国有企业（如中国铁路总公司）该如何归类，还需要探索和等待。BOT项目是以特许经营权为基础上的一种建设模式，目前已经衍生出BOOT、BOO（Build-Own-Operate，建设-拥有-运营）、BLT（Build-Lease-Transfer，建设-出租-移交）等许多变种。与PPP项目中政府需要分担风险不同，BOT项目的风险一般由建设运营方自己承担（刘卫东等，2021）。

第三类是中国企业的对外直接投资。根据中国企业的投资占比，对外直接投资可以分为合资、独资等不同类型。

3. 探讨了"一带一路"建设项目对制度文化的依赖性

为了让具体案例研究更加具有针对性和指导性，本项目根据地域嵌入程度和技术/项目的"破坏性"两个维度，把"一带一路"建设项目划分为变革性项目、支撑性项目、一般性项目和合作园区四大类，用以识别它们的制度和文化敏感性（图15-2）。其中，项目/技术的地域嵌入程度，指项目或技术涉及的当地国土范围（例如铁路要穿越大面积国土），以及对当地地理环境的影响和改造程度（采矿项目会带来比较大的环境影响），乃至使用当地劳动力的规模（庞大的就业规模会对当地产生巨大的社会影响）。"破坏性"指一个项目或者技术应用对于当地原有的市场平衡和社会经济结构的冲击（刘卫东等，2021）。

一是变革性项目，其"破坏性"和地域嵌入程度都很高，这类项目会对当地的社会经济系统产生巨大的影响甚至是变革。典型的变革性项目是现代化铁路。二是支撑性项目，如火电站、水电站

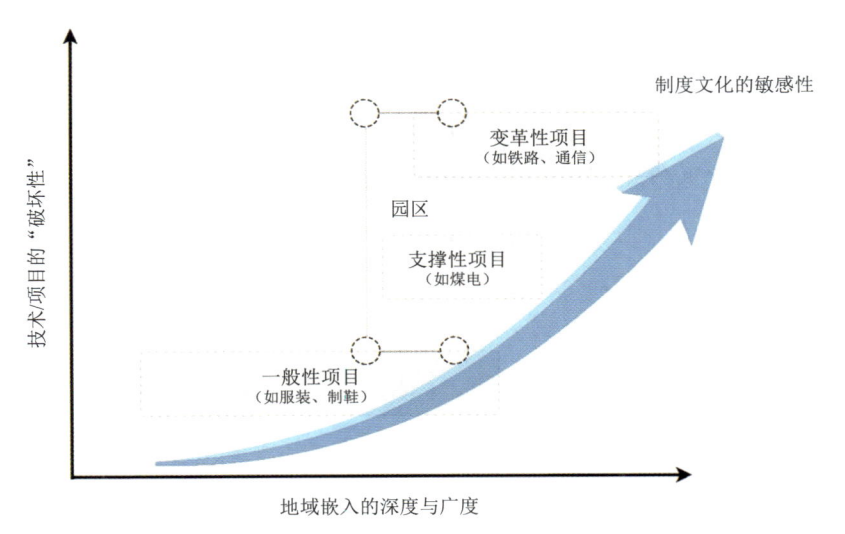

图 15-2 "一带一路"建设项目的制度文化敏感性分类

等。一方面,这类项目对当地社会经济系统具有支撑性或改善性作用,但可能会改变当地居民的消费习惯,"破坏性"程度居中;另一方面,它们往往是点状,地域嵌入的广度低,但有的项目会改变当地的地理环境(如水电改变流域生态环境)或带来环境影响(如火电的碳排放)。三是一般性项目,主要是制造业。这类项目的"破坏性"较低,一般不会给当地的社会经济系统带来较大的冲击,大部分项目对制度和文化差异不是那么敏感,但有的项目地域嵌入深度比较高(如采矿项目会改变地理环境),也需要高度重视制度和文化差异。四是合作园区。这类项目的地域嵌入程度居中,面积一般都在几平方千米到几十平方千米之间,但有时具有"破坏性",尤其是园区优惠条件很多、形成与外部不对等竞争之时,以及园区就业规模庞大之时(刘卫东等,2021)。

在具体的建设案例研究中,我们发现缅甸莱比塘铜矿项目是一个不具有社会经济"破坏性"、但具有高度地域嵌入性的制造业项目。这个中国万宝公司从加拿大艾芬豪公司接手的铜冶炼项目，通过种种创新性制度安排，主动地实现了"多尺度嵌入"，突破了制度和文化制约。中白工业园、泰中罗勇工业园和柬埔寨西哈努克港经济特区（西港特区）三个建设案例则揭示了，海外园区对于中国企业克服"走出去"过程中制度和文化差异的中介作用，以及尺度转换和尺度间协同对于园区成功的重要性。中老磨憨-磨丁跨境经济合作区揭示了跨境合作中的"尺度困境"。边境接壤地区是多尺度汇聚地，既是国家间的界面，也是省、市、县、乡乃至村之间的界面，其治理需要多尺度间的紧密合作；而现实往往是尺度间的脱节，地方希望做的事情缺少国家的许可，而国家（尤其是中国这样的大国）又难以区别对待以满足地方的个性化需要。克服"尺度困境"是有效提升跨境经济合作效果的重要前提。中远海运围绕希腊比雷埃夫斯港开展的一系列投资是"本地功能一体化"投资模式的具体体现（刘卫东等，2021）。

四、价值与成效

1. 研究成果获得广泛的社会认可

发表"一带一路"相关学术论文 100 余篇，出版 5 部中英文专著，引领了国内外"一带一路"研究的发展。项目首席科学家刘卫东研究员 50 余次受邀接受中央电视台、北京电视台、江苏电视台、人民日报、人民网、新华网、中新网等关于"一带一路"的采访，或被相关媒体报道；其中，被《新闻联播》采访或报道 10 余次。2022 年 6 月 5 日晚，刘卫东研究员做客中央电视台《中国经济大讲堂》节目，应邀做了题为《"一带一路"：引领包容性全球化新时代》的专题报告，深入解读了"一带一路"倡议。

2. 团队成员成果获得高度肯定

团队首席刘卫东研究员于 2021 年 11 月 19 日再次受邀参加第三次中央关于推进"一带一路"建设工作座谈会。基于团队的研究成果，刘卫东研究员受邀参加第一届、第二届"一带一路"国际合作高峰论坛；宋周莺研究员受邀参加第二届"一带一路"国际合作高峰论坛。以本项目的研究成果为重要支撑，推动了中国科学院"丝路环境"专项进入第二届"一带一路"国际合作高峰论坛成果清单。

3. 研究成果多次转化为国家和地方相关规划，产生了巨大社会效益

团队的"一带一路"相关研究主要成果多次被推进"一带一路"建设工作领导小组办公室及地方政府采纳，支撑了推进"一带一路"建设"十四五"高质量发展实施方案、福建省 21 世纪海上丝绸之路核心区"十四五"实施方案、丝绸之路经济带（新疆）创新驱动发展实验区建设方案、上海服务国家"一带一路"建设"十四五"规划、西藏自治区"十四五"时期参与"一带一路"建设规划等规划。例如，团队完成的"丝绸之路经济带（新疆）创新驱动发展试验区"规划工作为国家发展改革委和科技部联合出台《关于支持新疆开展丝绸之路经济带核心区创新驱动发展试验的函》提供了扎实的理论基础与政策依据。

参 考 文 献

刘卫东：《"一带一路"：引领包容性全球化》，商务印书馆，2017 年。

刘卫东、Michael Dunford、高菠阳："'一带一路'倡议的理论构建：从新自由主义全球化到包容性全球化"，《地理科学进展》，2017 年第 11 期。

刘卫东等：《"一带一路"建设案例研究：包容性全球化的视角》，商务印书馆，2021 年。

基于社会-生态系统的可持续生计提升示范*

一、研究背景

贫困和饥饿仍然是当今世界面临的最大挑战之一,建设一个没有贫穷和饥饿的世界是人类社会的共同使命。联合国高度重视贫困问题,将"无贫穷"和"零饥饿"作为联合国 2030 年可持续发展目标的首要目标。"一带一路"倡议以构建人类命运共同体为根本目标,开展全球减贫国际合作是共建"一带一路"的重要内容。近年来,中国积极推动共建"一带一路"倡议同联合国《2030 年可持续发展议程》紧密对接,将高质量共建"一带一路"与全球减贫事业紧密结合。习近平主席在博鳌亚洲论坛 2021 年年会开幕式主旨演讲中提出,中国将本着开放包容的精神,同愿意参与的各相关方共同努力,将"一带一路"建成"减贫之路""增长之路",为人类走向共同繁荣做出积极贡献。

---

* 主要完成人:张林秀、梁涛、徐新良、白云丽、付超、张艳艳、曲清和,中国科学院地理科学与资源研究所。

"无贫穷"和"零饥饿"也是实现可持续生计与生态环境治理的重要目标。近几十年，全球在减少极端贫困和消除饥饿方面取得了长足进展，但由于气候变化、生态系统退化、人口迅速增长，这两个目标的实现面临严重挑战。新冠疫情大流行及局部冲突爆发进一步加剧了其实现的难度。据世界银行估计，目前的返贫人口已超过1亿，联合国开发计划署预计2030年全球极端贫困人口将达到10亿左右。在此背景下，世界各国迫切需要基于生态系统的方法（Ecosystem-Based Approach），以实现生计提升与生态环境保护共赢。2015年，各国领导人达成了《2030年可持续发展议程》和《巴黎协定》两项全球议程。其中，《2030年可持续发展议程》包括了"无贫困"、"零饥饿"、可持续利用生态系统、遏制生物多样性丧失以及应对气候风险等可持续发展目标。《巴黎协定》则强调采取气候行动的重要性，各组织参与者需要在各方面付出努力，以促进可持续发展和消除贫困。因此，基于生态系统的方法逐渐被视为将应对气候变化和减少灾害风险与提升可持续生计和促进绿色发展联系起来的有效方式。

从目前全球极端贫困人口的国别分布来看，撒哈拉以南非洲国家占了近60%，南亚国家约占30%。"一带一路"沿线是推动实现"无贫困"和"零饥饿"的重要区域。这些国家或地区生态环境脆弱性与经济、社会和民生发展任务艰巨性间的矛盾强烈，要求重点关注沿线环境-经济脆弱区可持续生计与绿色发展协同推进。沿线环境-经济脆弱的国家和地区是共建"一带一路"的重要伙伴，帮助贫困国家发展经济、增强国力、改善民生，是共建"一带一路"的主要内容。因此，助力这些国家实现生态环境保护和生计提升，实现共同发展，是"一带一路"高质量发展的题中之义及行稳致远的重要前提，也是为落实《2030年可持续发展议程》贡献中国力量的主要体现。

二、主要内容

本研究首先构建了"社会-生态可持续应对框架",并在此框架指导下,以环境-经济脆弱的尼泊尔鲁帕湖流域和我国云南金沙江流域少数民族村落为案例,深入探讨了基于生态系统的方法对当地居民生计提升的影响及其作用机制。

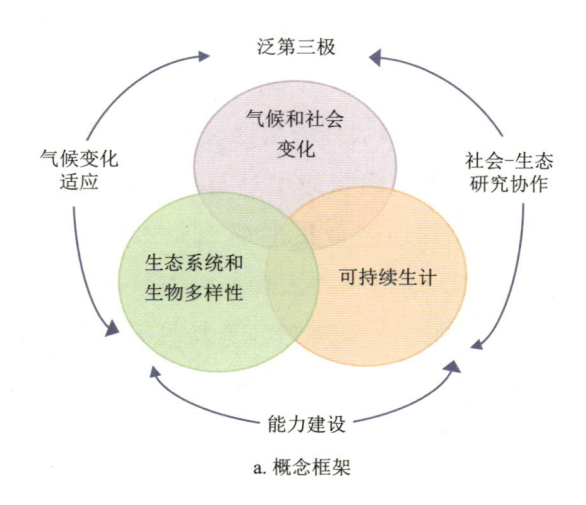

1. 构建了社会-生态可持续应对框架

该框架包含指导概念与实施措施两个层面(图 16-1)。指导概念层涵盖了气候变化和社会变化、生态系统和生物多样性、可持续生计三大维度;同时,囊括了气候变化适应、社会-生态系统研究合作、能力建设三大目标。实施措施层是概念措施的细化,用以指导评估具体的基于生态系统的干预措施对可持续生计的影响。

2. 实施基于生态系统的干预措施

(1) 尼泊尔鲁帕湖流域的干预措施

鲁帕湖流域位于尼泊尔中部喜马拉雅山南麓的博卡拉河谷。自 2018 年始,课题组与 LI-BIRD(Local Initiatives for Biodiversity,

a. 概念框架

b. 实施措施

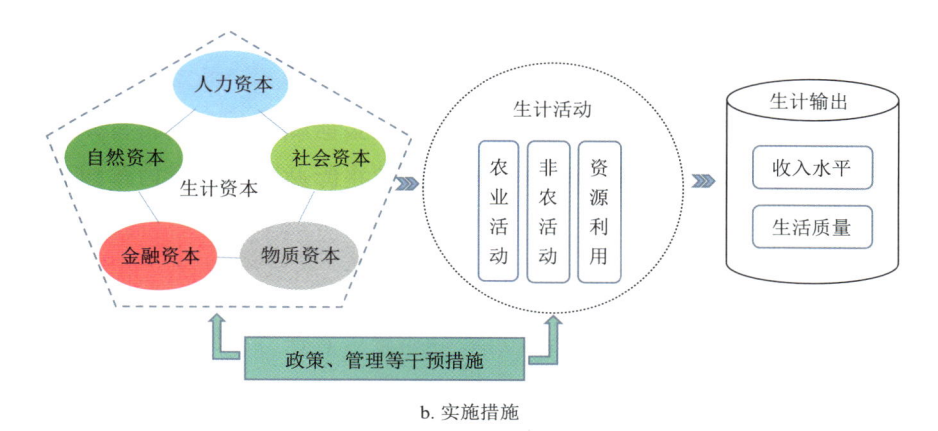

图 16-1　社会-生态可持续应对框架的概念框架与实施措施

Research and Development）进行技术合作，在 LI-BIRD 实施的 6 个基于生态系统的方法促进生态保护与生计提升项目的基础上，将鲁帕湖流域选为"丝路环境专项"支持的可持续生计示范点之一，致力于评估项目的实施效果并在国际上推广其成功经验。6 个项目的关键干预措施如下：

流域管理项目在森林遭砍伐的土地上建立人工林后，与当地森林管理办公室进行了协商，建立森林用户组，将森林正式移交给这些用户组进行使用和管理；并协助建立了当地社区组织，以帮助农民继续保护生态环境和推广可持续农业生产活动。

农业生物多样性就地保护项目重点评估流域农业生物多样性状况，让农民和社区组织参与进来，以提高认识并逐步开展更具体的活动。例如，识别和记录当地农作物品种，通过参与式育种、种子管理和相关行动，研究选择特定农作物品种以增强性状。

在农业生物多样性就地保护项目的基础上，社区生物多样性登记项目支持成立了以本地社区为基础的"农业生物多样性保护组织"（JSA）。鉴于正规、普惠信贷渠道的缺失，JSA 利用社区生物多样性登记项目的种子资金创建了基于社区的生物多样性管理基金，以支持其成员团体开展生产性活动，并借此支持其成员家庭的生计。

基于社区的湿地管理项目启动了湿地保护，以增强湿地社区的生计。该项目协助鲁帕湖恢复与渔业合作社（RLRFC）通过可持续利用鲁帕湖资源实现生态环境保护，并建立了流域生态系统服务付费机制，与非合作社成员但为鲁帕湖恢复做出贡献的上游社区分享鲁帕湖的收益。

另两个项目进一步帮助加强和推进当地生物多样性保护和生计改善工作。例如，利用早期项目的成功经验，为当地农业生物多样性产品建立市场联系，并建立生物多样性信息中心，供学生、研究人员以及国内外游客使用，利用所产生的收入支持当地的保护和发展工作。

（2）我国云南金沙江流域的干预措施

为了链接传统知识和现代科学，以增强对农业生物多样性多元功能的认识，并提高当地农户对环境脆弱性的认知进而增强其适应性，自2013年以来，课题组联合农民种子网络（FSN）及多家科研院所在云南金沙江流域的四个纳西族村庄（石头城、拉伯、吾木、油米）进行了三方面的基于生态系统的干预。

一是就地保护与可持续利用农业生物多样性。与社区合作开展参与式品种选育，以改良当地作物和品种。课题组与中国科学院昆明植物研究所、广西农业科学院玉米研究所、云南农业大学、农民种子网络等机构的专家学者、行动研究者和农民育种家一起走进石头城，为村民提供农家品种保护和选育的技术支持，鼓励村民恢复农家品种的种植和交换。

二是记录和复兴纳西族传统农业生产文化与知识。在"丝路环境专项"的支持下，纳西四村先后都建立了社区种子银行，鼓励农户把自家的老种子存在社区种子银行,这里也成为农户交换种子的场所,真正实现种质资源在农村社区的活态保护。为了库存种子能够保持活态,种子银行管理小组以选种育种试验为基础,设计了种子资源登记、种子田两种机制确保种子银行有效运转。

三是建立网络平台,推动当地农民和外部机构之间的联系和交流。课题组支持社区农户参与国内外交流互访,增强农户的民族传统文化自信心、加强生态文化及生物多样性保护、提高农家品种可持续利用能力。

3. 基于生态系统的干预措施效果评估

在"社会-生态可持续应对框架"的指导下,课题组通过开展实地调查,收集了评估基于生态系统的干预措施所需的一手数据。课题组主要利用农户调查问卷收集信息,重点包括家庭成员个人基本信息、家庭物质资本(住房、耐用消费品)、人力资本(教育、健康)、自然资本(土地禀赋)、金融资本(普惠金融参与程度)与社会资本(社会关系网)情况、家庭生计活动(种植、养殖、务工、自雇佣)及家庭生计结果(收入水平及结构、饮食情况)。通过分析案例数据,比较两组家庭的生计资本、生计策略和生计结果,揭示干预措施对民生福祉的影响。

2019年10—12月,课题组和LI-BIRD在鲁帕湖流域示范点联合开展数据的实地调查收集与干预效果评估工作。案例分析中的两个重要社区组织RLRFC和JSA所覆盖的农户是此次调查的样本框,在社区组织内外分别选取了120户进行调研。在120户社区组织成员中,分别从RLRFC和JSA的股东及成员家庭列表中随机选择60户家庭(50%),表示这些家庭参与了项目干预并以某种方式受益,称为"参与组";而其余120户家庭(50%)在非社区组织股东和成员家庭的名单上随机选择,称为"未参与组";虽然这些家庭不是RLRFC的股东和JSA的股东或成员,但是居住在鲁帕湖流域。

金沙江流域的数据由课题组于 2019 年 12 月在云南省玉龙县和宁蒗县 5 个村庄开展实地调查收集。109 个农户参加了调研，其中玉龙县的石头城村和吾木村已经开展了参与式育种与社区种子银行干预活动，在这两个村调查的 49 户被分为"参与组"；而玉龙县的果乐村、宁蒗县的拉伯村和格瓦村在当时尚未参加项目干预活动，在这三个村调查的 60 户被分为"未参与组"。

对于尼泊尔鲁帕湖流域的干预措施，数据分析结果显示，在生计资本方面，参与组与未参与组家庭的自然资本差异不大，但参与组家庭的物质资本、人力资本水平远高于未参与组家庭。参与组家庭的金融资本水平与未参与家庭相似，但对贷款的用途截然不同。前者 22% 的家庭使用贷款进行长期人力资本投资和生产性投资，而后者仅有 10% 的家庭将贷款投资于这两个领域。由于参与组家庭普遍加入了社区组织，其社会资本水平明显高于未参与组家庭。在生计策略方面，参与组的劳动力参与非农就业（包括务工和自雇佣）的比例略高于未参与组的劳动力，但这一差异在统计上并不显著；但参与组家庭更有可能从事自雇佣工作。从农业生产活动来看，参与组和未参与组家庭在农场均种植多种农作物，作物品种多样性的差异不大，因为他们的农地位于相似的农业生态区。在生计结果方面，参与组家庭的平均收入是未参与组家庭的 2.1～2.6 倍。两组家庭的饮食结构相似，但参与组家庭摄入牛羊肉、鱼和水产品、蔬菜、新鲜水果这些肉类蛋白和富含维生素的食物的频次高于未参与家庭。参与组家庭的生态系统服务可及性显著优于未参与家庭，特别是在遗传种质资源、食物和营养获取、农业生态旅游和娱乐活动方面。

对于金沙江流域的干预措施，数据分析结果显示，参与组家庭的自然资本以耕地为主，而未参与组家庭以林地为主。参与组家庭的物质资本水平显著高于未参与组家庭。但两组家庭在人力资本水平及金融资本水平方面类似。参与组家庭和未参与组家庭的社会资本结构差异明显，前者以社区组织为主，后者以血缘、亲缘关系为主。在生计策略方面，参与组比未参与组家庭从事非农就业的程度更深，表现为家庭平均非农劳动力数量更多、占比更高。参与组家庭种植了更多样化的作物；分作物种类进行比较时发现，参与式行动和种子银行干预措施有助于将粮食系统从主粮扩展到杂粮和蔬菜等为维持人们的健康提供丰富营养的作物，以及中草药、香料等高附加值的经济作物。参与组家庭的收入水平高于未参与组家庭。参与组家庭的饮食结构比未参与组家庭更加多元化，尤其是鱼、蛋、豆类、其他蔬菜、奶制品这些高蛋白质、更为健康的食物。参与组家庭高蛋白质食物的摄入频次也高于未参与组家庭。参与组家庭中分别有38.71%和73.3%的家庭消费自产豆类和其他蔬菜，分别比未参与组家庭高27.6、10.8个百分点。可见，参与式育种活动的开展与种子银行的建立，也发挥了改善居民饮食营养的作用。

除了增加收入和改善居民饮食营养外，干预活动还带来了生态文明与传统文化的振兴。比如在石头城村，参与式选育种行动记录和试验同时进行。在农家种丢失严重的情况下，引入试验品种选育出适应石头城气候环境的种子，同时也开始盘点社区生物文化家产，建立并编辑社区种质资源登记册。截至2018年12月，登记在册的有63种，其中玉米4种、水稻4种、小麦8种、豆类10种、花生2种、甘薯2种、瓜类5种、果类1种、蔬菜12种、中草药4种、其他11种。作为生计结果和文化方面的一部分，越来越多的参与家庭开始重新思考和振兴与农业有关的传统民族文化。跳舞、唱歌等公共活动被重新引入，在传承传统文化的同时，为活跃乡村生活做出了贡献。

三、主要创新之处

受两个示范点研究工作的启发，课题组还在当地专家的协助下，在泰国、柬埔寨、坦桑尼亚和肯尼亚等地另外选取了 8 个基于生态系统的方法改善当地居民生计的案例点，运用社会-生态可持续应对框架对其进行效果评估。工作成果最终编撰为《发展中国家基于生态系统方法增强生计韧性》报告，并已由联合国环境规划署正式出版。该报告在研究框架构建、研究内容以及研究方法方面均有创新。

在研究框架构建方面，与已有可持续生计分析框架相比，社会-生态可持续应对框架拓展了可持续生计中的"脆弱性背景"，并遴选了适用于环境-经济脆弱区生计资本、生计策略与生计结果的测度指标，更能满足保护生态环境与改善生计双重目标约束下的研究需求。

在研究内容方面，已有研究运用故事与案例的方式，展示了大量关于生态系统管理、保护和恢复措施帮助人们应对全球挑战的作用，例如联合国环境规划署等国际机构所倡导的"基于自然的解决方案"（NbS），其重点关注基于生态系统的气候变化适应方法，或基于生态系统的适应（EbA）。本报告链接了基于生态系统的方法在改善生计和生态保护方面实现共赢的作用。

在研究方法方面，现有的证据集中于测量生物、物理环境和生态条件，并对此进行相关干预。尽管一些案例研究对 EbA 干预措施的成本效益和经济效益进行了定性研究，但它们在衡量当地社区的生计结果时缺乏定量研究，且运用的指标不一致性。为了充分利用基于生态系统的方法，需要解决的关键知识鸿沟是对不同干预措施和方案的比较，以及可能从干预措施中受益或受害的不同社会群体之间的区别。本报告重点关注和弥补了这一不足。

四、价值与意义

《发展中国家基于生态系统方法增强生计韧性》报告重点介绍的10个案例研究展示了环境-经济脆弱区（淡水、山地和干旱地区）气候和生态系统变化如何影响农村地区的生计资本与生计结果，以及当地居民如何适应这些变化并应对COVID-19大流行等的压力和危机。案例研究表明，通过基于生态系统的方法可以改善民生福祉，减少气候脆弱性，改善粮食安全，促进自然资源的可持续利用，并创造更多体面的就业机会。作为联合国层面的出版物，从报告中总结出的经验和教训，对于促进广大发展中国家实现可持续发展目标具有重要的借鉴意义。

通过凝练报告中的研究发现，课题组提出了两条"2020年后全球生物多样性框架"生物多样性主流化建议，即长期战略办法要促进公平和本地居民参与的主流化；长期战略办法要将发展绿色民生整合纳入生物多样性保护、生态恢复以及应对气候变化的影响之中的主流化。这两条建议在联合国《生物多样性公约》（CBD）执行问题附属机构第三次会议中作为国家立场陈述，并通过CBD/SABSTTA/24/INF/28文件提交，供联合国《生物多样性公约》第十五次缔约方大会（CBD COP15）谈判参考，直接服务于国际重大发展战略的制定。

同时，该研究成果分别在第十二七届联合国气候变化大会（UNFCCC COP27）和CBD COP15-2会议上以边会形式进行了分享，并形成"小农和女性促进生物多样性保护和可持续利用蒙特利尔倡议"。该倡议充分重视小农户、土著居民和社区在农民种子系统保护与利用方面的角色，认可他们在生物多样性保护、粮食和农业系统安全等方面的贡献，倡导通过多元群体合作，共同采取联合行动，以扭转种子的减少以及遗传资源、生物多样性和生态系统的衰退。